紙上明治村

消失的臺灣經典建築

凌宗魁 著
鄭培哲 繪

重新看見時間流動中的茫茫視而不見

黃舒楣（臺灣大學建築與城鄉研究所助理教授）

拿到稿子剛開始讀，不由得想到近幾年文化資產保存制度實踐最喜歡說的「影像保存」，彷彿什麼都可詳細記錄後就放心拆除。當然，本書作者，是慘劇已然搶救不及，努力在空氣中捕風捉影，無數夜晚的資料蒐集與描繪過程毋寧是最無奈深情的再現。仔細讀完，似乎更能體會細緻圖像背後的深意。自建築成為專業以來，絕大多數的專業雜誌報導都以新作為主，呈現啟用前最接近藍圖的空間狀態，此後如何使用變化，往往不是鎂光燈關注之事。城市設計亦然。另外，從一九七〇、八〇年代後文化資產保存逐漸被當成一特殊專業來看，都是過去（過時）的建築物，或者稱之為古物或文物，彷彿已然不再是／世建築。

然而區隔領域的同時，我們往往忘記了每棟建築物付諸成形之前，有多少反映著時代政經潮流變化與個人力求表現的計較用心，都有著特定時刻的「設計」，而每一棟被拆除取代的建築物被貼上過期標籤，這過程也充滿著意識形態與美學的角力，不論結果，都可能是極富教育意義的一刻。然而，至今我們不太去談去反省近代化過程的種種獲得與失去，也不太願意去看「保存」相關有多少形式之外的歷史認識與文化流動，一度為建築物錨定，但凡遭遇劇烈破壞或拆除，包括異地重建，都可能鬆動了文化交匯的空間表現。

本書所選作品諸多見證了近代化的發生，所謂「近代化」（modernization），或者說「現代化」，是怎麼一回事？從二十世紀至今持續是研究上論辯不休的題目。透過本書，尤其能看見其過程相關的財富集中積累、知識的跨界交換與學習、新生活方式的摸索，移動方式與速度認知的改變等等，同時，也有沉重成本代價才成就亮麗成就。基於台灣特殊的多重殖民經歷，見證臺灣的近代化建築物，還一一見證外來政權帶來的進步展演。可是「時尚」在二十世紀乃至於數位時代是如此瞬息萬變，這些建築很快地落入了進退不得的處境，不僅因改朝換代而政治表現不正確，往往因為「不夠舊又不夠新」，好似不足以成為被制度保障的文化資產，要持續作為進步形式又已過時。推土機蠢蠢欲動之下，書中一一收錄的這些作品就在時代巨輪轟然掃蕩中一一倒下。

來到二十一世紀，我們身處的世界真得如此進步嗎？其實透過這本書仔細梳理近代建築的身世，不難發現其中相關的空間概念或文化旨趣，往往都還沒有「過去」。一如美國小說家威廉福克納（William Faulkner）的名言：「過去還沒有死盡。過去甚至還沒有過去。」（The past is never dead. It's not even past.）本書中所提及的「雨淋板」這種外牆工法，今日人們逐漸認知其為日式宿舍特色，殊不知此工法自歐洲旅行至美國，又從美國經過日本帶來了臺灣，曾經是時尚，如今成為殖民留下的傳統。若能超越形式，理解每個時刻對於進步表達的渴望和不安，才有機會對於當前各種打著進步大旗的嶄新計畫做更深刻的理解和反省，儘管其夾帶形式語彙可能推陳出新（或者新中有舊）令人眼花撩亂，而不是一味的擁抱必然過氣的時尚。以福克納的道理來說，過去其實還沒有過去，進步的主張繞了一圈也回到過去。

此外，這集子不僅僅是重新在紙上築起一棟棟見證時代文化流動的精采建築，也藉由爬梳每次拆除宛如城市脈絡突然斷裂，如同索引導人認識「發展」的型態，或者更主觀地說，暴力在特定時刻的空間表現。像是市區改正時期為服務新理想城市而劃開的潛園、因親王曾待過而被異地重建於新竹神社的爽吟閣，後續又因戰後轉用、近年風災而陸續破壞、終究拆除。每個事件何不是這建築與城市的多次時代對話，對話若劇烈些，效果也特強烈。

今日，在不同地域間的交流抄襲或追趕，非但未曾停過，只有密度越來越高，洋流方向越來越複雜詭辯。同時，拆除的速度也越來越快——君不見完成十餘年的建成圓環可能馬上就要拆除。這時刻特別感謝有兩位作者協力呈現的精采圖文，儘管悲傷，卻能優美地召回那些重要的時空交匯，讓讀者有機會去看見發展容積效率以外的文化密度，去接近那些珍貴的時刻宛如凝固的音樂。這是文化資產保存的重要意義之一，也可能是調和文化資產與城市設計的重要一步。透過紙上重現，我輩才能重新看見時間流動中的茫茫視而不見。

無常世事的永恆掛念

凌宗魁

「堅固」是一棟好建築的基本原則之一，建築因而給人恆立於大地的印象。由於天災和戰爭破壞、空間使用需求的調整、改朝換代的意識形態等變數，永遠留存的建築非常稀少。建築是人造之物，與人一樣都是這世界的過客，鬼斧神工的堂皇巨構終將化為塵土。

在臺灣豐富多元的歷史長河中，不同文化背景的國家和民族陸續來到這座美麗的島嶼，譜出精彩的建築樂章。各種文化的生活方式在此歷經衝突、調適，到和平共處，在建築風格上，產生了與鄰近地區截然不同的獨特面貌。優良的建築可以印證人類文明發展、表現美學與工藝技術、城鄉的演變，也是見證歷史事件的舞臺。

消逝的經典建築令人惋惜，除了鄉愁等情感因素，也代表從此失去對於好環境品質的體驗機會。取而代之的新建築，是否能有更好的表現也難以掌握。縱然建築不可能永恆存在，但仍不禁設想：許多未達使用年限而過早消逝的精彩建築，就像在二二八事件和白色恐怖時期罹難的臺灣菁英，若能走完他們原本應有的歲月，今天的臺灣會有怎樣不同的風景？

日本明治村與臺灣民俗村

在明治維新之後的近代化過程中，日本學習西方各種建築樣式，打造新國家的門面。而其以西洋建築特定的風格形式，大幅改造了追求和諧的東亞城鄉地景，也隨著帝國殖民事業的版圖擴張，將這樣的變革帶來臺灣。與戰後為了復興、席捲全球的現代主義相較，近代化極具時代精神面貌、風格鮮明的樣式建築，所承載的象徵意涵也相當豐富。

然而，隨著經濟的急速成長，日本自明治時代以來，各式見證國家發展歷程的精美建築快速走入歷史。一九六五年，建築家谷口吉郎與名古屋鐵道社長土川元夫，這兩位第四高等學校（現金澤大學）的同窗有感於此，於是成立財團法人，購買土地蓋博物館，取名「明治村」，將各地面臨拆除的珍貴建築物解體移置重組，並且聘任全日本頂尖的建築史學者擔任館長。時至今日，這裡不但成為愛知縣著名的觀光景點和戲劇拍攝場地，也讓日本年輕人認識先人篳路藍縷開創國家的歷程。

臺灣也曾經有彰化富商施金山，不倚靠政府資源，獨力打造「臺灣民俗村」，蒐集陳列臺灣十餘棟各地面臨拆除的精美建築，為臺灣保存過往歲月風華的實體空間。但這股來自民間的力量，與各地建築的消逝速度相比，實在是杯水車薪。許多由美好建築塑造的城鄉風貌，只能在泛黃的影像中尋找和緬懷。

紙上記錄消失的建築

在戰後國民黨政府長期塑造以中國為文化主體的歷史背景下，學校教育長期欠缺本土史地關懷的面向，民眾對於生活美學也日漸輕視。曾經歷往昔歲月的人逐漸凋零，除了老照片、明信片收藏家與學術研究者，在這座島上生活的居民，知道臺灣過去美麗風貌的人越來越少了。

長期躁動不安的政治環境，塑造出臺灣人集體邊緣焦慮的海島性格，促使許多人向外發展，無法離開的人在經濟條件改善後，也會努力在生活中模擬各種異國情調、品嘗各地風味的食物、居住在外國風情的房子，並視之為人生成就。

這樣的本質在過去數百年來沒有太大的變化，在手法上卻因為生產系統的演變，過去的建築反而有著更精緻、更具藝術價值的成就。在今天，我們尋覓消逝建築的影像，除了認識這塊土地曾經有過的滄海桑田，體會不復存在的工藝美學，更重要的是，從過去美好的經驗中汲取足以讓未來更美好的養分。

對臺灣消逝建築的紀錄，建築史與文化資產界的前輩已累積豐富的成果。李乾朗教授在著作《臺灣古建築圖解事典》中，以行政區分類精選臺灣五十四處消失的經典建築，呈現臺灣快速發展的代價。而後他又出版《百年古蹟滄桑——臺灣建築保存紀事》，訴說臺灣文資保存過程的得失。林會承教授在著作《臺灣文化資產保存史綱》中的大事紀及事件年表，呈現百年來臺灣文化資產保存活動從意識萌發到實際行動。傅朝卿教授等人所著《鑒往知來——消失的文化資產》，見證精美佳構的更迭起落。李清志教授以觀察特定城市為主題的《臺北LOST& FOUND——都市偵探的世紀末臺北觀察》，記錄臺北發展過程中的絕版風景，李欽賢老師以圖文並茂的《臺灣城市記憶——地圖上消失的街道風景》記錄城鄉變遷；力挽時代除舊佈新的浪潮，為後世留下先民生活軌跡而努力。

本書的書名借用日本明治村的概念，但選擇案例卻有許多不是落成於日本明治時代，甚至是戰後的作品，明治村其實也有非建於明治的作品，而明治維新的歷程成就了現代化的日本，無論褒貶，明治時代無疑徹底改變日本的命運，是歷經動盪變革的激昂時代，因此該博物館以此為名，或許是深知洋風建築做為時代見證，此一帶有搶救性質的蒐藏舉動，必須選擇最具象徵的名稱。本書借用此名，並不是鼓吹效法建村，在現代化的壓力下，將面臨拆遷的精美房舍當作骨董搬遷至某處保存。事實上，隨著全世界日漸重視場所精神的文化資產的保存觀念，將建築類文化資產原地保存已成為國際共識。無奈臺灣的官方和民間，至今仍常將移動文化資產做為配合開發或建設的手段，臺灣在保存觀念和規劃倫理上仍有待提升。

本書在題材選擇與章節安排上，以建築使用功能為分類，雖然沒有顯著的時代分野，但大都集中在戰後官方歷史以往較忽視的日本時代，也選擇若干屋況不佳、面臨拆除或外觀已被改變的經典案例，除了讓讀者領略其往日風華，也期待未來可能復原。囿於作者本人智識與研究興趣，仍有許多建築類型及精彩案例未收錄，也未能顧及原住民文化精彩的居住空間，懇請讀者多加包涵，所有的疏漏和錯誤皆由筆者負責。

感謝本書繪圖作者鄭培哲，長期致力於將建築歷史場景的紀錄、復原，做為藝術創作的題材，接受筆者許多任性無理的要求，由斷簡殘篇拼湊出建築樣貌，加入巧思，讓時光撣去灰塵掩蓋重現風華。沒有他，這本書不會誕生。感謝《國語日報》王秀蘭編輯開啟培哲和我的專欄合作契機；感謝《欣建築》網站編輯顧庭歡、吳宜晏及何凭融持續協助提供網路平臺為發表場所；感謝遠足文化總編輯龍傑娣邀約，耐心編輯；也感謝網路上日漸蓬勃的臺灣文史討論社群，各方前輩先進不吝分享珍貴史料與資訊；最後感謝兩位在專業及處世對我影響至深的恩師——帶領我透過各種線索探尋時光長河中建築軌跡的黃俊銘教授，以及提醒我不能忽略使用建築的主體始終是「人」的劉可強教授。

期許這本小書能為大眾打開一扇認識臺灣過往的小窗，加深社會對臺灣歷史認知的視野，進而在形塑大眾對土地的認同上有微薄助益，也期待更多的朋友一同投入挖掘自身土地文化養分的工作。

每一棟消失的建築，都是一片遺失的拼圖

鄭培哲

繪製已消失的建築系列，是從報紙專欄的合作開始。我在每篇中挑選一棟建築作為主題，過程中彷彿補齊某些遺失的片段，稍能窺見建築與都市之間發展的脈絡，到了後期則隨著篇數的增加而朝向書籍的方向發展。

在繪製的過程中發現許多建築的紀錄極少，留下的照片也不多。部分建築的拆除、損壞年份甚早，只能透過舊照片來描繪，在不同拍攝角度的照片中摸索出建築的樣子。

平時我會觀看老建築的建材、磨石子的配色、磁磚的種類和貼法，遇到只留下黑白照片的建築時，就參考現存同時期建築的配色，然後依可能的材質挑選顏色。

繪圖時，先對建築有大概的歷史認識後，才開始準備執行。過程中了解到經典建築的案例，有些是官方帶入新的風格後在臺灣的嘗試，有些是民間模仿加入臺灣風格而產生的特殊建築；而文字的介紹有助於掌握建築的氣氛，發現官方和民間建築間的差異，自己也更加認識城市建築的演變中，以往所不知道的樣貌。

書中較早繪製的插圖有背景和人物，是填滿整個畫面、帶有生活的情境。其他的主題也會嘗試不同的風格，如公會堂是以版畫來表現，教堂則採用向量的風格，近期的插圖是拿掉背景，單純表現建築。繪製每棟建築時也會試著了解時間的改變，觀看建築如何隨時代而轉變風格，令人興趣盎然。

一些非常繁複的建築一旦遭到拆除，便很難找到同樣做工的空間。現今文化資產的拆除案例與日俱增，期許透過本書的文字與圖像，在歷史建築和文化資產保存的議題上，喚起社會對空間與文化的想像，也讓更多的空間被保留、被看見，進而了解過去的片段，找到更理想的未來。

第1章

住宅：安身立命的家園

1 從唐山過臺灣的漢人園邸

人的軀體大同小異，居住的環境卻大異其趣，小自茅屋地舖，大至宮殿城堡，皆是安身之所。清代中期以後，漢人在臺灣經營各式產業有成，各地紛紛出現富甲一方的大地主，如同中國江南的政商名流一樣興建借景山水的私家園林。

新竹林宅潛園

在臺灣文學史上佔有一席之地的新竹詩人林占梅，出身貿易世家，飽讀詩書之餘追求功名，並組織詩社「潛園吟社」，著有詩集《潛園琴餘草》。年輕時耗費巨資，在道光年間接續從祖父到叔父的基業，將當時竹塹城內的園邸擴建，命名為意味沉潛的「潛園」。

潛園位於竹塹城西門內，當時新竹人稱其為「內公館」，與北門外鄭氏家族的北郭園「外公館」相對。林占梅幼時遊歷中國大江南北，對各地著名園林頗有心得，故親手擘劃潛園佈局，引進竹塹城外護城河水源，在園林中央設置大水池，以數座典雅的亭臺樓閣環繞美麗的水景。由於緊貼竹塹城牆興建，為了在園中取得好視野，許多樓房皆可登高望遠，天際線跌宕起伏，錯落有致。

新竹潛園在一八三六年以前開始起造，至一八六八年林占梅逝世前仍持續增建，園內包括爽吟閣、師韞軒、涵鏡軒、綠榕樓、碧棲堂、香石山房、聽水山房、著花齋、嘯望臺、陶愛草廬、綠影齋、逍遙館、拄笏樓、琴嘯亭、梅花書屋、聽春樓、虹貫月樓、浣霞池、蘭汀橋及園門等建築與構造，規模宏大，做工細膩，經常與板橋「林本源園邸」、霧峰林家「萊園」和臺南「吳園」相提並論。

園中兩層樓的爽吟閣為全園重心，建造在包圍水池的方形迴廊上，主人與賓客可在此乘著習習涼風，遠眺城外風光吟詩作對，故名「爽

新竹潛園是少數以水池為配置核心的臺灣園林，在城市中創造大山大水的開闊景觀，體現主人「離塵不離城」的理想環境。

吟」。廊外水池環繞，從一樓迴廊步下階梯即可登上小舟遊池，這種「屋包水，水圍屋」的獨特空間，全臺僅此一處，此外林占梅在園林中設計一〇八種造型各異的漏空花窗佈滿迴廊，據說板橋林家花園的漏窗即受此影響。

林占梅在潛園中手植百餘株白梅、紅梅及綠萼梅等樹木，從他

林占梅（1821-1868），福建同安人，來臺後先居臺南後遷竹塹。經理全臺鹽務致富，曾捐款建砲臺協防基隆。漳泉械鬥時招募鄉勇扼守大甲溪；戴潮春事件發生時，他曾組織鄉團平亂，任全臺團練大臣。著有詩集《潛園琴餘草》。

的詩詞作品中可看到詠歎梅花的文字，如〈賞梅〉的「影愛橫斜休亂折，春嫌漏洩不全開。」園中比鄰梅花書屋的建築「著花齋」，命名也來自唐朝詩人王維〈雜詩〉詩句：「來日綺窗前，寒梅著花未？」遊園動線的設計以探梅為導引主題，入園門後由小牆、小庭間的漏窗可窺看錯落梅花，循著遊廊轉折至梅花書屋旁，始見大片花海，以空間手法呈現生活品味及佈局巧思。潛園是臺灣園林中少數規劃以水池為配置核心，意圖在城市中創造大山大水的開闊景觀，頗有江南園林的氛圍，這也體現了園林主人對理想環境「離塵不離城」的追尋。

在日本時代，新竹廳當局推行市區改正，筆直的大馬路（今日西大路與中山路）攔腰通過潛園，將其切割成三個區塊。園中爽吟閣曾為北白川宮能久親王下榻處，因而被奉為重要史蹟而搬遷到新竹神社予以重建，戰後遭民眾進駐搭建隔間、任意改造，直到二〇〇一年因納莉風災毀損得更為嚴重而遭市府拆除。

其餘的潛園建築也在城市發展中逐漸消失，僅存零星殘跡，雖然文化局於一九九四年進行潛園的調查研究，但因二〇〇三年林政則市長推動拓寬六米以下巷道的計畫，園

北白川宮能久（1847-1895），日本皇族、陸軍軍人，伏見宮邦家親王第九子，明治天皇的叔父。曾赴普魯士留學，任中將近衛師團長，乙未戰爭攻臺時死亡追贈為大將，後被神格化。

新竹潛園園門

吳鸞旂公館，連接建築與長拱橋的是一座歇山頂的軒。軒是以四支柱子撐起屋頂，凸出建築本體的小亭子，做為室內外活動的緩衝空間，既能通風和引入室外的陽光，又具有遮風避雨的功能，其華麗程度也展現屋主的財力。此外還有美麗的垂花雕刻裝飾，可做為立於橋上的視覺端點。

內殘存的梅花書屋遭到拆除。而鎮守園內石獅也幾經輾轉，被安置於新竹市議會門外。

二〇一二年，潛園僅存掛有林占梅手書門匾的入口園門和古井，在政府相關單位未積極保護的情況下，因建案開發遭建商剷平。保存至二十一世紀的園門，仍可見精美紋路的顏只磚，原有機會留在原地訴說林占梅與鄭用錫兩家族與新竹的故事，卻終究不敵地產開發的力量而全部消逝。其實小面積的史蹟保存與地方發展並不衝突，期望這個遺憾能喚醒社會對於文化資產保存的省思。

臺中吳鸞旂公館

另一座名園的故事來自臺中吳鸞旂公館。主人吳鸞旂的母親林純仁是霧峰林家林甲寅之女，為豪門之後。吳鸞旂為清代光緒年間秀才，

吳鸞旂（1862-1922），彰化縣藍興堡人。1889年捐納成為秀才，任臺灣省城建築經理。日本時代任招安委員，獲頒勳章，後任臺中縣參事。

巡撫劉銘傳在臺中興建臺灣省城時，任他為築城財務經理，因而積攢豐厚財富，在臺中市區和臺中太平擁有大片地產，在臺灣中部僅次於鹿港辜家。

吳鸞旂在日本時代任招安委員與臺中廳參事，其臺中市的宅邸位於臺中車站與帝國製糖株式會社之間的櫻町五丁目，地理位置極佳，曾借給憲兵隊使用，由此可知主人玲瓏八面的政商手腕。遠望吳家大門，華麗的雙層門樓是臺灣中部大家族宅第常見的配置：閩南式的燕尾屋脊上有剪黏，圍牆內的庭園造景別有洞天。帶有雕花鑄鐵扶手欄杆的拱橋，有如彩虹一般跨越荷花池。

吳鸞旂公館最後還是難逃拆除的命運。吳家後代出售宅第，原本想當做臺中市孔廟用地，後由市府轉賣給財團，現為新時代購物中心。而其大門的門樓則被保存下來，搬遷到臺中公園內，讓市民緬懷這座華美宅第的風采。

吳鸞旂的兒子吳子瑜於一九三六年興建的「天外天劇場」，至今仍佇立於宅邸西側（現址為臺中市後車站區復興路四段一三八巷內），也因未獲妥善保存而面臨拆除的危機。此外，吳家位於臺中太平冬瓜山佔地廣大的家族墓園與花園，已成為臺中市市定古蹟。

因都市擴張而消失的漢人宅邸

除了政商豪門大族園邸，反映農業文化的民宅亦精彩可觀。臺灣西部的漢人聚落，因水源、開墾組織等因素，大致以濁水溪為界，南部以宗族聚居的集村為主，北部則以散村為主。而在都市化的過程中，零星存在的北部古厝，時常在各式各樣的開發中遭到併吞。

臺北公館林永利古厝

泉州安溪人的家鄉地形多為伏丘陵起，擅長種植茶葉，來到臺北便選擇靠近山坡丘陵旁定居。乾隆年間，安溪林氏林臣仲、林臣田來到臺北大安開墾，成立「林永利」商號，爾後來此墾戶多向林家繳租。林宅背倚丘陵，面寬開闊，陸續增建前廳與左右護龍為七開間。家鄉安溪多山，為了防範匪盜，常將

來自泉州安溪的林永利商號，在臺北公館所建造林永利古厝，重現家鄉住宅厚實的堡壘風格。高低起伏的馬背山牆使建築立面的變化更為生動活潑，山牆壁體則為土埆構造，外覆竹釘穿瓦衫，兼具防禦和居住的功能。

民宅建造如堡壘厚實，稱為「安溪厝」。來到臺灣後，他們也在自家宅第重現這樣窗小牆厚的防禦特徵，如前廳基座為厚實石砌，上半部斗子砌磚牆開方圓小窗，並加上欄杆以阻隔外界視線。

林宅房舍屋脊交錯變化豐富，是其最為特殊的造型，護龍屋頂延伸突出於門廳屋頂之上，成為正立面的一部分，現今在福建安溪山區還可看到這種古厝。

在日本時代，公館一帶被官方選擇做為臺北帝國大學校址，戰後由國民政府接收後改組為臺灣大學，為擴張校地而徵購周邊土地，林宅及周圍聚落盡為臺大所有。一九八〇年代，臺大欲將其剷平開發，學生因此發起保存運動，後來校方仍執意拆除林宅，新建管理學院大樓和第二學生活動中心。

臺灣大學剷平丘陵並拆除安溪移民的宅第林家公館後，在原址重建聚落原有的土地公廟卻以客家人的稱呼命名為「伯公亭」，也缺乏對於林宅的說明及展示，可見臺灣重要學府對於文化資產的輕忽態度。

除了公館林宅之外，臺大所屬的芳蘭大厝、俗稱「大院子」的日本海軍招待所、溫州街五十二巷宿舍群、曾規劃椰林大道的教授中村三八夫宿舍，以及其他許多臺北帝國大學時期留存宿舍等，絕大部分的古蹟都被拆除改建，可見臺大校方僅著眼於管理及使用成本的短視，缺乏以具有價值的歷史資產提升校園文化深度及涵養的價值觀念。

新埔張宅外翰第

上述案例也反映了私宅保存在臺灣的困境，而拆除後僅以名稱或更抽象的手法留存。這樣的案例在全臺灣隨處可見，如建於光緒年間的新竹新埔張氏公廳外翰第。在臺灣有「外翰」門匾的宅第，著名者尚有蘆洲李宅。

新埔張宅雖僅兩進，但尺寸格局宏大達七開間，左右皆帶有護龍。第一進門廳做明間帶次間的三開間凹壽，有別於常見僅做明間的做法，左右兩窗有書卷造型的泥塑彩繪，前簷水車堵中雕塑精美，雙燕尾屋脊舒展氣派。

第二進正廳簷廊以瓜筒撐起捲棚，牆上有南瓜、絲瓜等泥塑圖案，瓜瓞綿延象徵子孫滿堂，分別書寫「桂殿、蘭宮」，代表屋室華麗氣派，拱門匾則書寫「靜修、養儉」，另書有「竹苞、松茂」等吉祥語，象徵家門興盛、新屋落成。由卵石與斗子砌共構而成的圍牆，留有防禦用的多處銃孔，反映新竹一帶民居特色與主人身分。

在二○○六由新竹縣文化局指導、新竹縣文物協會編纂出版的《新竹縣傳統宅院紀錄專輯》，特別強調此宅是見證新埔發展的重要歷史，理應獲得重視並妥善保存。不料張宅於二○一二年被後代變賣，拆除改建成集合住宅，建案名稱雖仍為外翰第，空間類型與居住品質卻相去甚遠。

▼新埔張宅格局宏大、建材精美，建造時間可上溯光緒年間，二○一二年由後代變賣拆除改建為集合住宅。

▼▼新埔張宅外翰第院牆由卵石與斗子砌共構而成，門額「外翰第」三字筆力雄健，反映新竹一帶民居特色與主人身分。

天津條約後的西風東漸

淡水白樓

一八五八年簽訂天津條約，淡水開港，後增設基隆為對外門戶，西洋思潮與科技透過貿易與宗教，大規模影響臺灣，從街道景觀到日常用品都可見西方文化的影響。

淡水白樓由馬偕的學生嚴清華建造於一八七五年，做為宅邸及航運事務所。嚴清華是淡水人，曾因任公職居住過福建及直隸，返臺後成為馬偕在臺灣的第一位學生。他學習醫療及傳教等知識，是長老教會第一批本地牧師。

嚴清華曾因中法戰爭有功，獲五品軍功兼賞藍翎、候補知縣；日本時代獲授紳章，任臺北廳參事和維新公會幹事，並經營航運事業。

兩層樓的淡水白樓所在坡地舊名三層厝街，依山而建，平面為L型，

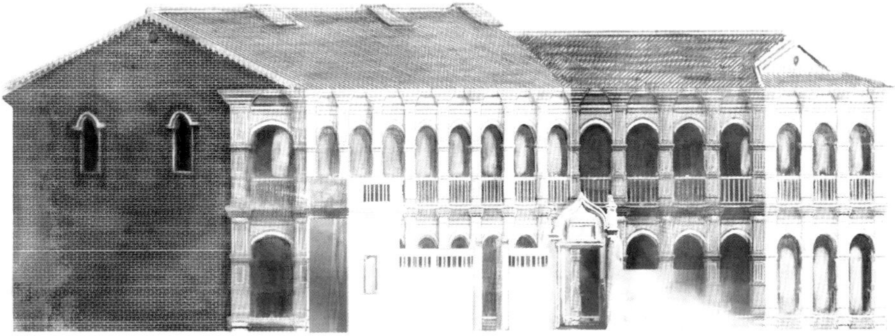

淡水白樓

具有典型陽臺殖民地樣式特徵，也就是環繞其外的連續拱廊。拱圈線腳繁多，並於圍牆大門形成波斯風格的火焰形狀，門額外寫「受天祿」，內面則是「富貴春」。背坡面河的磅礴氣勢，吸引無數知名畫家將其入畫，包括陳澄波、陳植棋、郭雪湖、倪蔣懷、楊三郎、張萬傳、陳慧坤、莊佳村、林天瑞、林顯宗等，是臺灣最常被當成創作題材的住宅建築。

後來白樓產權幾經輾轉，並遭祝融毀壞，一九九二年拆除改建公寓。目前三層厝街尚存在的古厝，其一是船商李貽和興建、後售予淡水街長洪以南做為寓所的達觀樓，即今紅樓咖啡館，還有登錄為新北市歷史建築畫家木下靜涯故居。

二〇〇九年，淡水古蹟博物館委託淡水文化基金會辦理淡水街角博物館計畫，委託畫家蕭進興在白樓

嘉義梅川宅

舊址三民街四巷擋土牆繪製二十公尺壁畫「滬尾文物」，介紹淡水歷史，白樓即是重要題材。

2 日本時代的大和居住文化

改朝換代通常會影響空間型態的轉變，與生活息息相關的居住空間也不例外。

日本從飛鳥時代的大化革新開始，自中國學習建築構造技術等各種文化，經奈良時代到平安時代而達到巔峰。後來透過獨有的封建階級和經濟制度，及宗教上神佛習合（佛教傳入日本後，在奈良時代為了本土化，而與固有神道信仰結合成新的信仰系統）等社會因素，在日本這塊幾近單一民族的土地上，其建築逐漸發展成別具大和民族風格、特徵辨識度極高的空間形式。

高級社會階層的生活樣貌

一八九五年，臺灣劃入日本版圖，許多日本內地移民也將獨具特色的住宅文化帶來臺灣，即使當時住宅內部的格局已加入了西洋文化的影響，但在生活起居的空間方式、建築的材料與技術等，還是保有許多日本傳統特色，進而影響了臺灣人的住宅環境。

嘉義梅川宅、臺北昭和町住宅

嘉義梅川醫生宅是少見比例修長的兩層樓日本住宅，細部可見許多梅花圖案雕刻，而庭院中跨池拱橋為其特色，橋柱落款「乙亥孟冬月」，可知建於一九三五年。戰後繼續當做住宅，曾因九二一地震損毀拆除半側，並抽乾池水種植作物，二〇一一年底由現任屋主拆除改建為六層樓現代公寓。

在日本時代，少數政府雇員因身分特殊或其他因素，可住在自行設計的獨特住宅裡。例如，臺北帝國大學（現今臺灣大學）為了吸引優秀的教職人員來臺，而提供優渥的薪資，教員也因此有能力在臺灣購地請人設計住宅。

就像青田街內的足立仁等教授的自宅，這些學校教員的住宅都有自己獨特的匠藝、工法和建材，搭配前庭後院豐富的植栽，在臺北郊外串連成一大片舒適宜人的生活環境。李安導演便曾經將其中一棟位於和平東路二段十八巷五號（目前已經拆除）的宿舍，當做《飲食男女》的主要場景。

其中一棟臺大管理，位於昭和町的住宅最具特色的地方，是帶有紅棕色的墨綠釉瓦，在臺灣並不多見。

臺北昭和町住宅，上覆帶紅棕色的墨綠釉瓦。

此外，玄關旁外牆有八角窗，增添造型變化。該屋多年閒置後，一如許多荒廢的木造建築，龐大的修繕成本降低教員入住的意願，主管機關臺灣大學並未提供保護，反而一如往常校方處理校園文化資產的態度，放任這些有歷史意義的老建築傾頹毀損，甚至計畫與民間建商聯手將其拆除開發。

在文化局的協調建議下，臺大將屋瓦卸除保存留置他用，但缺乏瓦片保護的建築卻更損壞得更快速。臺大原先也想拆除校園內蓬萊米之父磯永吉的高等農林學校作業室改建大樓，後來師生發起搶救運動，提報給臺北市文化局，而被指定為市定古蹟保存，現在成為校內珍貴的文化資產，卻因維護經費短缺而須向外界募款修繕。臺大未能積極保護這些對臺灣農產和校園景觀影響深遠的紀念建築，令人遺憾。

官舍的普及與保存活化

在日本時代，政府公職人員的宿舍是日人在臺安居的基本需求。由官方興建提供官員和聘僱職員居住的公家宿舍稱為「官舍」，主要分為高等官舍和判任官舍兩類。最初因屋宇數量不夠，官方於是承租或購置民宅做為職員宿舍。到了一九○二年，總督府臨時土木局提出官舍標準圖構想，一九○五年訂定甲、乙、丙、丁四種等級判任官官舍的設計標準，最後於一九二二年頒布「臺灣總督府官舍建築標準」。

日本統治初期，地方政府營繕組織可各自發揮技師意匠，如目前保留下來的臺中刑務所典獄長官舍，即可窺見設計者對於文明開化的理解，但又受限於材料與技術等條件，而呈現出各式各樣經過調適的住宅樣貌。在標準制度逐漸推行後，從警務、農務、財務、文教、軍隊等各級官方組織，各地如蓋印章般複製生產的官舍如雨後春筍般建造，形成日本時代最普及的居住環境景觀之一，城市景觀便有如穿著官服的公職人員一般井然有序。

淡水警官宿舍

淡水地區曾有幾棟日本時代留下來的警官宿舍，在清領時期這裡是班兵會館，到了日本時代興建為雙併格局的官舍。其外牆是等距有壓條加固的箭子雨淋板，上覆棧瓦，入口玄關為切妻造平入式。戰後分隔為四戶，沿用為淡水警察分局官舍，共用一個主要出入口。

警眷撤出後，二〇〇七年開放藝術家進駐，門牌號碼為中正路二九六號至三〇二號，故稱「藝術工坊二九八」或「淡水四連棟」。後來縣政府決定拆除新建淡水藝術

淡水警官宿舍雖因職級有別而有不同規模，分為獨棟、雙併和連棟等格局，但都有著由相近建材和風格所構成的類似表情。屋頂由黏土燒製，俗稱黑瓦的棧瓦鋪掛，瓦片下墊有吸附水氣防水的木片（土居葺）。到了日治後期，成本較低的水泥瓦逐漸普及，防水層也改為較不透氣的油毛氈。

屋身外牆多為木板堆疊構築的「雨淋板」（下見板）構造，這種建材飄洋過海，從中北歐傳至美洲，再從美國西部傳到日本，也是易取得的建材。內牆則同樣是取自大自然的材料，由竹條編織骨幹，再塗覆石灰、黏土和稻殼製成的「編竹夾泥牆」（小舞壁），並由紙門、木格條製作推拉式門窗。

地板是以木造或磚造基礎抬高，可隔絕土地濕氣及白蟻侵害，維持室內乾爽。這種會呼吸的住宅建築形式，除了官舍也普遍運用於日人自建及臺籍仕紳模仿日人生活的住宅，現在在臺灣習慣統稱為「日式宿舍」。但探究其構成元素，不難發現當中包容了世界各地文化傳播交流的痕跡，並且可因應各地氣候環境的變化，在規制的外表下有著隨機應變的活潑內涵。

工坊，藝術家及文化工作者反彈陳情，但最後來是在二〇〇九年在周錫瑋縣長的意志主導下拆除。二〇一〇年由九典建築事務所郭英釗建築師設計新建物，在原址落成啟用。

因日人居住需求而建造的官舍，在戰後由國民政府各單位接收。然而，由於居住者國族背景的不同，而且接收者將其暫作棲身之所，缺乏永續維護的觀念，導致這些官舍受到不當使用的情況相當普遍。

最常見的情況是，日本人席地躺坐的疊蓆「榻榻米」，被慣於使用西式桌椅的後來使用者將家具置於其上，很容易就損壞；另外如屋頂防水葺皮、外壁雨淋板防潮保養的塗料柿漆等，在缺乏日本師傅持續維護的情況下，相當不利於保存。

當各單位分配入住的使用者陸續搬到鋼筋混凝土的公寓住宅，木造住宅很容易就因為缺乏新入住者而遭受白蟻蛀蝕，或者在閒置期間發生火災而焚毀。倖存未倒塌者，也由於年久失修，主管機關無力修復而面臨拆除的命運。

近二十年來，由於政治氛圍的轉變，日漸稀少的日本時代官舍逐漸被視為文化資產，而受到社會重視。然而，戰後接收使用的產權管理單位，長期以來將其當成一般宿舍來使用，不堪使用的官舍就拆除將地交還國產管理單位，完全沒有維護文化資產的觀念；而且沒有編列修復老屋的人員和預算，也缺乏處理相關事務的專業技術。

當文化主管機關將這些官舍指定或登錄為文化資產之後，絕大多數的管理單位都視之為燙手山芋，不知該如何處理，因此許多單位以拖待變，任其閒置在日曬雨淋中持續朽壞。所幸近年逐漸續有若干縣市文化單位正視這個問題，透過為產權單位媒合經營團隊的委外方式，讓這些文化資產的日本時代官舍有了重生的契機。

為了讓保存維護的觀念深植於社會，首要處理的是平衡城市的發展、釐清公有資產的權責、不同族群之間的相互理解、提升整體的美學品味、調整管理的思維等問題。期待各單位都能將文化視為社會責任和自身基因的一部分，而非本位地認為文資保存與己無關。如此一來，才能逐漸建立共識，最終達到各單位都具備保存、修繕及活化再利用的專業能力，並將此目標納入常態性的財務計畫當中。

3 文明想像的西洋風情

明治維新以後，日本舉國向西方學習，在一八九五年來到臺灣這個

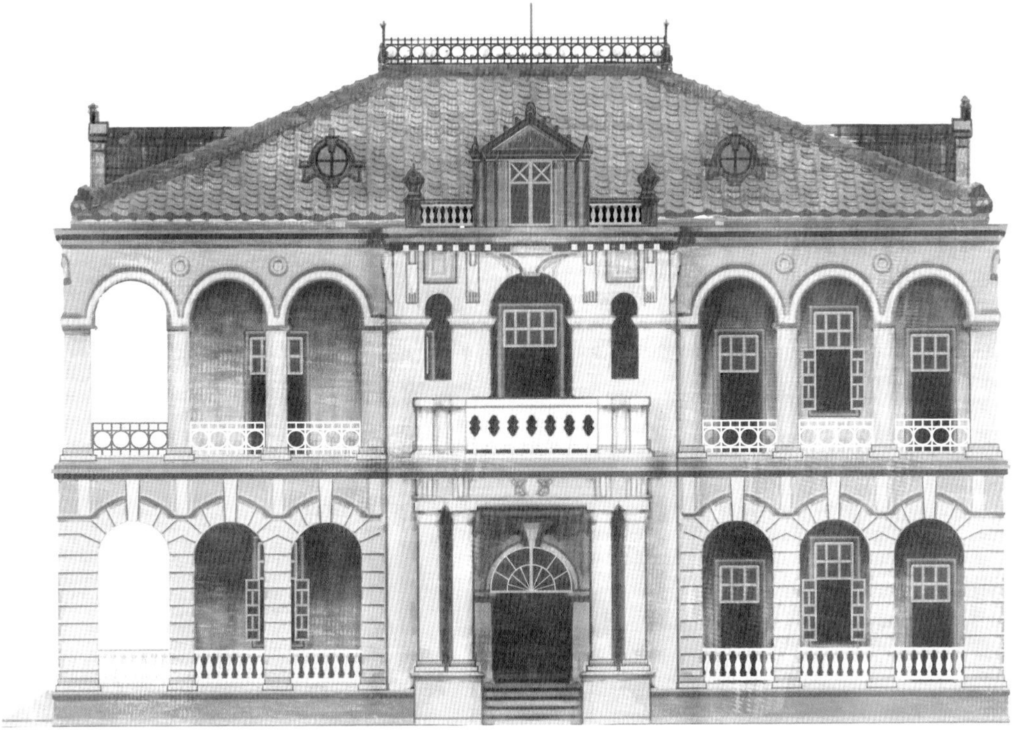

臺中縣知事官邸未使用法國馬薩式屋頂（Mansard Roof），但其高立式老虎窗造型，是明治時期流行於貴族府邸之間的法國文藝復興的樣式——以仿石造古典柱式及連續拱圈構成的外廊細緻典雅，僅在西南和東南兩側設置陽臺，這是因為考量日曬的角度，其構造為木榴條外覆灰泥模仿石材質感。

炎熱的亞熱帶殖民地，日本也向其他高緯度國家的殖民宗主國學習因應之道。例如，英國人因應印度炎熱氣候而發展出陽臺殖民地樣式建築「Bungalow」。為了避免陽光直射屋內，在房間外配置一圈陽臺迴廊（Veranda），做為生活起居的重要場所。

在臺灣這類典型的洋式官邸，著名案例有原為臺灣總督官邸的臺北賓館、別稱「時鐘樓」的臺南知事官邸，以及行政廳舍配置於旁的臺中知事官邸等。

文化交流下和洋並置的格局

臺中縣知事官邸

臺中縣知事官邸完成於一八九九年，起造者是第三任縣知事木下周一，當時管轄今臺中市、彰化及南投縣。木下知事任內依照英國顧問衛生工程學者爸爾登（William Kinimmond Burton）的建議，以現代都市計畫的觀念和手法，奠定了臺中市區棋盤方格街道系統的基礎，自此決定臺中市區的基本格局。

當時官邸位於臺中廳（原為清代考棚）北側，庭園中的水池以石砌護岸。一九〇八年閑院宮載仁親王來臺參加縱貫線通車儀式、一九二三年裕仁皇太子「行啟」（日本皇太子、皇后等人出巡稱作「行啟」）、一九二八年久邇宮邦彥王至臺中均下榻於此。後來一度同時做為臺中俱樂部，戰後由市府管理成為臺中賓館，到了一九七〇年代，連同東北側與之相連的和館一併遭到拆除，新建為市議會大樓。

上層社會的生活空間，除了以洋館為外在社交活動的場所，還會在旁邊建造風格迥異的「和館」，當做私密的生活空間。戰後接收使用者因沒有在日式房舍內起居的習慣，故僅保留洋館居住，將和館拆除改為庭園或其他用途，如臺北城內的總督府土木局長官舍、臺南知事官邸等。

值得慶幸的是，南昌路上臺北水道課長官舍（戰後臺灣軍司令官邸，現今陸聯廳）的和洋二館都完整保存，原為臺灣總督官邸的臺北賓館在二〇〇六年整修完畢，同時也修復和館，讓後人得以看見反映歷史的生活型態。

總督府土木局長官舍

總督府土木局長官舍有著悠閒的歐洲別莊風情，一樓面向庭園處為磚造拱廊，二樓陽臺的木造棚架帶有蘇格蘭建築師麥金托什（Charles Rennie Mackintosh）細緻的「方形風格」（Cubic Style）構造。後來土木

▶總督府土木局長官舍有著悠閒的歐洲別莊風情，一樓為磚造拱廊，二樓陽臺為細緻「方形風格」構造。

◀基隆要塞司令官邸，洋館入口門廳可見方、圓三柱並置轉角處理的愛奧尼克柱式，屋頂則使用開牛眼形老虎窗的馬薩式屋頂。

局廳舍由臺灣電力會社使用，官舍產權單位亦一併轉移。戰後曾為中央招待所，又因總督府短暫做為臺灣省政府而一度成為省主席周至柔的官邸。

當時使用者因生活習慣不同，拆除土木局廳舍的和館闢為庭園，也拆除了二樓木造棚架及塔樓等細緻難以維護的構造，並將一樓拱廊陽臺外推成為室內空間，留存部分空間後再交給臺灣電力公司做招待所，如今已成為臺北市市定古蹟。若純粹從建築設計作品的美感來看，其最珍貴的細部精神已不復存在，殊為可惜。

基隆要塞司令官邸

基隆要塞司令官邸也是具備和、洋二館的著名官舍，位於仁四路、愛三路、南榮路環繞、且可遠眺港口船艦的丘陵上，地方上稱此丘為

「少將腳」。

洋館入口門廳可見方、圓三柱並置轉角處理的愛奧尼克柱式，石造厚重基座上為磚造屋身，有著細緻帶飾點綴的窗緣，各立面因為多雨氣候而運用了相當大比例的開窗面積引進陽光；山牆兩側有球狀獎盃裝飾，屋頂則使用開牛眼形老虎窗的馬薩式屋頂。

戰後由團管區接收，改建為日式四坡水入母屋造屋頂，可說是克難時期另類和洋混合。一九七〇年代轉賣給民間拆除興建公寓群。

基隆顏宅陋園和館

即使後來發展出洋房內配置和室，或偶爾可見洋風建築運用日式語彙的做法，但兩種截然不同文化背景的空間元素，在全盤西化的時代，西洋與日本兩種文化的風格，在同一件建築作品中徹底融合的案例並不多見，臺灣五大家族之一的基隆顏家園邸「陋園」中，各棟館舍彼此間形成強烈對比的風格形式即為一例。

顏家世居瑞芳以採礦為業，家主顏雲年在日本時代任瑞芳警署巡查補，自日商取得開採權而發跡，後來出任臺灣總督府評議會評議員。一九一八年向日商木村久太郎買下其別墅木村御殿增改建為「陋園」，在日本時代位於田寮港庄，後幸町與壽町一帶，格局宏大而房舍繁多，其中包含從建築形式到空間完全再現純粹日本生活樣式的和館，純正的日本風情吸引了皇太子裕仁親王來臺視察時到此造訪。但園內在和館外另建洋館，兩者空間形式與建築風格涇渭分明。

基隆顏家「陋園」格局宏大而房舍繁多，包括和館與洋館。和館從建築形式到空間完全再現純粹日本生活樣態，皇太子裕仁親王來臺視察時也曾造訪。（圖為和館全景）

戰時日軍借用陋園為軍營，戰後由國軍接收，將其分割為學校、眷村「建國新村」和公園用地，其中一部分為現今基隆中正公園壽山前半及光隆家商。目前僅留存成功國中後方的祠堂。

4 注入西洋元素的漢人合院

中國文化的代表空間「合院」，展現出另種多文化融合的特色。合院空間在華夏民族歷史長河中存在已久，夏商時代的河南偃師二里頭遺址中即發現合院遺跡。

合院的構造形式適應力強，彈性大，舉凡皇宮、廟宇、府衙、書院、住宅等類型，東北森林、黃土高原、西南大漠、江南水鄉、嶺南崇山到南洋僑鄉等地域，都可見到合院蹤跡。其延續數千年的發展，體現漢文化主從位階，在使用上可滿足不同經濟產業的需求，可謂展現了遼闊大地上各族群融合，持續包容新文化，歷久不衰。

東西混血的合院

近代西風東漸，在北京的四合院、上海的石庫門、各通商口岸的騎樓店屋，都可見到融合合院空間與西洋風格的混血建築，在以漢人為主的臺灣傳統社會也是如此。

▼顏雲年（1874-1923），瑞芳人。與汐止蘇源泉合組雲泉商會，獲藤田組採金礦承包權，一九一八年與三井合名株式會社合資成立基隆炭礦株式會社。一九二〇年成立臺陽礦業株式會社，次年出任總督府評議會評議員。曾任瀛桃竹聯吟會會長。

日本時代的臺灣仕紳階級藉由創意和巧思，不僅建造模仿日人住宅的和館及西洋格局的洋館，也構築融合傳統三合院與西洋建築風格的合院式洋樓，在使用上兼顧了現代化的西洋生活想像與傳統空間機能之需求。相較於中國合院，平面不規則的日本「書院造」格局住宅，較難直接注入西洋元素成為洋風住宅，故往往需要分建洋館與和館，以區分使用機能。

東方的合院空間在納入西方元素後，透過建築表面的裝飾手法，即可改變環境氛圍。較為內斂的做法，是格局仍是呈現傳統風貌的閩南式三合院，立面或內院迴廊則使用如拱圈、古典柱式等西方歷史主義語彙，讓人有「柳啗花明來到西洋村」的文化衝擊和驚艷。現存的著名案例有楊梅鄭宅道東堂、后里張天機宅。

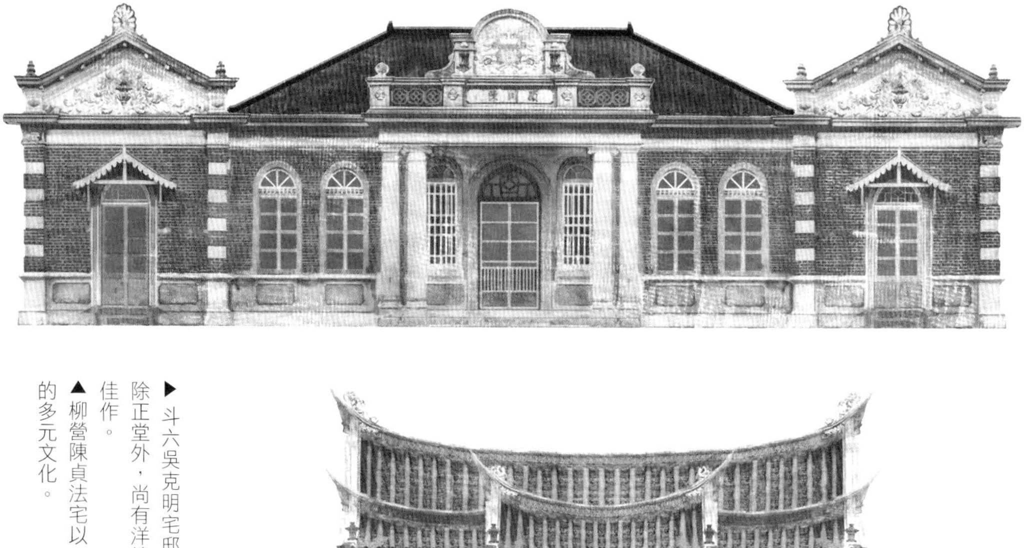

▶斗六吳克明宅邸是典型的漢人合院式民居，除正堂外，尚有洋樓配置其旁，為日本時代少見佳作。

▲柳營陳貞法宅以一條龍的格局，呈顯臺灣豐富的多元文化。

柳營陳貞法宅、斗六吳克明宅

興建於一九〇九年的臺南柳營陳貞法宅，僅一條龍的格局，卻將兩側廂房的馬背轉化為雕花泥塑的西式山牆。而突出正廳的軒則做塔斯干柱式撐起的西式門廊，兩側木造雨庇亦具洋風，轉角飾以當時流行的白色灰泥仿石帶飾，屋頂則採用日本式屋架及屋瓦，突顯臺灣豐富的多元文化。此宅目前大致保存完好，尚有人居住，惟右廂房屋頂塌毀，修復並不困難。

雲林斗六吳克明宅邸又名「吳秀才宅」，一八八九年由吳朝宗興建，是典型的漢人合院式民居。吳克明長子吳景箕為宅邸命名「梅鶴仙館」，除正堂外，另有洋樓配置其旁。

吳克明是清末秀才，日本時代曾擔任縣公議局及斗六辦務署參事、區長，並與王雪農合辦斗六製糖合資會社。一九一六年，因吳宅木造正堂腐朽，吳家重修時將雕飾木作構件嵌入西洋古典風格的拱圈與柱式中，再加上華麗的泥塑裝飾，以水泥做出重簷歇山式屋頂的門廳，步口又以粗壯的西洋式水泥柱撐出，為日本時代少見之作。九二一大地震時，吳宅正堂的西洋式軒亭屋頂震毀，僅存拱門。目前若干構件置於院中，等待風華重現。

員林曙橋張宅百忍堂

中國式合院空間常以軸線彰顯倫理關係，同時也呈現了隨時代潮流轉變的建築風格。一九三〇年代，裝飾藝術風格隨產業政策由農轉工而逐漸流行，取代西洋歷史主義成為流行前端。一九三五年震災後鋼筋混凝土逐漸普及，也為同屬時髦風潮的汽車文化元素提供了融入建

員林曙橋張宅百忍堂建築配置相當古典，通過前庭龍柏林道、環型車道及水池方能到達內宅，對稱的格局也與環境搭配，但在古典轉角仿石砌及柱式撐起的「塞里歐語法」（Serlian motif，又稱為「帕拉底歐式拱」Palladio motif）之上，竟是如美國建築師萊特的著名作品「羅比住宅」（Robie House）一般，以水平線條歌頌汽車文化速度感的遮陽板，這是在風格遞嬗如革命般彼此相斥的西方建築文化中，難能見到的景象。如此不考量風格生成意涵，在去文化脈絡化下將風格純粹符號化，自由跟隨潮流發揮而誕生的奇特作品，是距離風格誕生地越遙遠反而越有可能發生的傳播現象，也見證了流行訊息跨域流動的強度。

築設計的條件。一九三七年落成於彰化員林的曙橋張宅百忍堂，就是合院建築融入時髦樣式的經典。

細看張宅正廳，山牆前方橢圓鏡型山牆內刻「百忍傳芳」，兩翼山牆則刻有「鑑湖衍派」與「魁岱分支」等字幅，展現家族源流、慎終追遠的漢人文化，是一九三〇年代外來風格本地化的絕佳精品。百忍堂屋況原本維持良好，直到二〇一二年，縣府為了在鐵路高架化後爭取員林升格為市，在土地大規模重劃下徵收百忍堂，屋主售出後便將其盡數拆除，實為一大憾事。

基隆許梓桑宅

漢人生活的合院空間中，傳統生活型態相對容易保存。合院中軸對稱的特色，可滿足漢人擺設神明廳、兩側房間漸次降低位階的倫理需求。而西洋宅邸常見左右對稱的宮殿式設計，也能在符合使用需求的前提下形式挪用，與中式合院無縫接軌。還有一種空間運用，是傳統合院因家族人數眾多，或為凸顯主人財勢，垂直發展出漢人民居少見的樓房，卻也從比例到配置皆能良好適應，竹東彭宅信好第、烏日學田陳宅聚奎居等皆是著名案例，此外還有基隆許梓桑的慶餘堂。

許梓桑（1874-1945），基隆人，曾擔任基隆區長、街長、臺北州協議會員、基隆總商會會長等職，活躍於政商界，亦熱心教育事業及宗教事業。為瀛社重要成員，著有《慶餘堂詩稿》，詩作《基隆八景》為人稱道。

基隆許梓桑宅將傳統合院格局建為二層樓房，具閩洋混合的巧思。

曾擔任基隆街長、助役與臺北州協議會員的許梓桑，曾獲授紳章，終生推廣詩學，曾參加顏雲年在環鏡樓召開的第一次全臺詩人聯吟大會。許梓桑宅邸位於基隆港邊，因被劃為築港地而搬遷。一九三一年在要塞司令官邸所在的少將腳山上的玉田町三之五九番地，新建住居「慶餘堂」及迺園，正是將傳統合院格局建為二層樓房的典型案例，細部可見到西洋風格裝飾，如將牛眼窗置於垂脊中央的懸魚位置，正身圓窗欄杆則以混凝土仿竹節造型，具閩洋混合的巧思。

慶餘堂因閒置多年，致使屋頂傾頹，僅存磚造牆面，二〇〇四年獲基隆市文化局指定為歷史建築。近年地方青年文史團體發起清掃環境活動，希望讓更多人認識地方發展的歷史。此一來自民間的動能，必能協助政府推動私產的修復。

斗六太平陳林氏寶宅涵碧樓

鹿港辜宅、斗六陳林氏寶宅在外觀上雖是具有法國馬薩式屋頂的典型洋樓，但以「開間」的角度觀之，也與傳統合院的格局不謀而合。

雲林斗六資本家陳林氏寶，經營地產、木材、燃料和酒類致富。位於太平的宅邸建於一九一九年，聘請總督府營繕課技師入江善太郎設計，斥資三十二萬日圓，建坪三百餘坪，屋頂造型兼具法國馬薩式與急斜式，與臺中州廳廳舍的立面構成相似，而且中軸對稱的洋樓形式與傳統合院格局不謀而合，是靈活擷取建築語彙的創意之作。屋主於一九四三年過世，戰後曾做為餐廳，名為「涵碧樓」，一九八八年拆除，改建為公寓。

斗六太平陳林氏寶宅，與臺中州廳廳舍的立面構成相似。

汐止周宅斯園

在汐止有兩座名宅都是注入西洋元素的合院：周宅斯園和蘇爾民宅邸。礦業大亨周再思，事業起於平

汐止礦業大亨周再思因發現金礦礦脈致富，起造宅邸「斯園」，寓有「飲水思源」之意。

溪煤礦商潘炳燭會社，因發現金礦礦脈致富，起造宅邸名為引喻飲水思源之意的「斯園」。由於斯園臨近基隆河支流茄苳溪，在設計上採逐層下降的配置，符合傳統民居前低後高的原則，最後一進則反過來面對街道（今茄苳路），設置了呼應兩棟相鄰店屋造形的立面山牆，做為株式會社泉源商行的辦公室，配置手法非常高明。

戰後斯園轉賣給交通部輪船招商局做為員工宿舍，後來民營化為陽明海運。一九九〇年所有者將土地分割出售，花園賣給建設公司興建集合住宅大樓，宅邸卻遭閒置荒廢，地方人士及文史工作者呼籲保存，二〇〇九年仍遭陽明海運拆除。

汐止蘇宅

汐止另一座合院洋樓「蘇少爺邸」，主人蘇爾民是茶商蘇樹森的

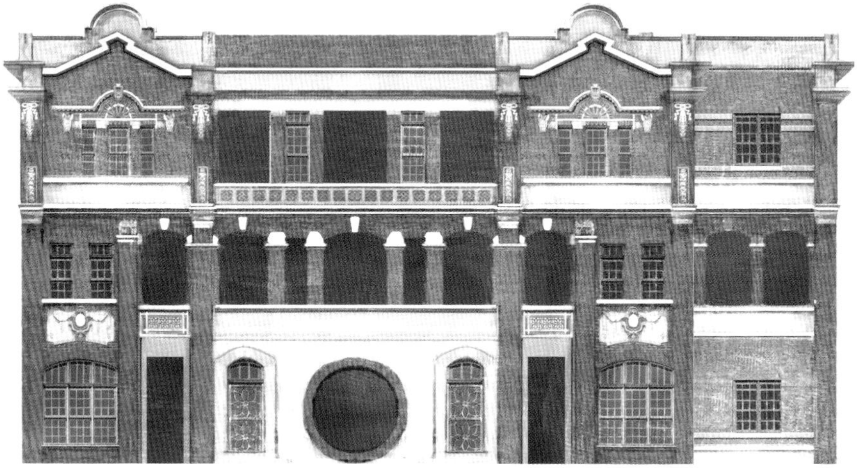
斯園的最後一進反過來面對街道（今茄苳路），設置為株式會社「泉源商行」的辦公室。（圖為斯園立面）

建於大正年間的汐止蘇宅外表為洋樓，內部卻配置為漢人傳統的合院空間。

養子，與周家同為投資礦坑致富的資產家，從事慈善事業，一八九七年獲總督府授紳章。蘇爾民宅完成於大正年間，位於汐止車站南側（今南昌街、新昌街與忠孝東路間），立面開口為比例良好的帕拉底歐式窗，即在開口內以兩短柱支撐圓拱增添造型變化，顯示設計者具備西方學院素養，而內部卻配置為漢人傳統的合院空間。

戰時蘇宅曾被軍方徵用，一九九七年在家族協議下拆除成為房地產用地，新建案名為「東方鴻」，將西洋建築語彙融入高層住宅中。舊宅正身原本有座巨大無比的精美半圓拱形山牆，因建商承諾將來會運用於新建案或覓地展示，而被完整拆卸取下，此後多年閒置於火車站後方空地，一直等待著被妥善利用，近年移至新北市立秀峰高級中學，期待能更積極規劃展示活化。

大甲王宅順德居

臺中大甲富商王順德的順德居，是中部宅第中值得一提的洋樓經典。王順德曾於大正年間從事鴉片買賣、甘蔗種植與磚廠，其宅邸磚工精良、格局宏大，多處以洗石子裝飾營造出石砌厚重感，正面兩座八瓣洗石子花窗尤其精美，加上正身立面的假三層山牆，展現出主人富甲一方的氣勢。

在一九八〇年代，在內政部古蹟審查會勘前夕，產權人為了避免順德居被指定保存，連夜搗毀精美山牆及欄杆。其後王宅右護龍被改建為四層樓住辦透天厝，新建築延用了部分西洋建築語彙，左護龍則閒置至二〇一四年拆除。

融入西洋元素的中式合院空間，不僅反映了嶄新的時代潮流，也延續了傳統精神，突顯出合院的彈性

大甲王宅順德居磚工精良、格局宏大，展現主人富甲一方的氣勢。

和適應能力，在歷史長河中也能連結臺灣人多民族融合的特性，豐富呈現文化人類學範本的居住空間。這種以西方外觀搭配東方格局的作品，在現代化之後逐漸消失，現今僅能在挪用西方風格的房地產建案中見到。

5 多元融合的臺灣特色

鹿港黃宅金銀廳

日本時代中後期，日本文化與傳自日本的西洋文化，融入臺灣人的生活裡，形成文化的表現素材。

祖籍泉州晉江的鹿港頂菜園黃家，在渡臺第四代黃禮永（商號「黃慶源」）時期，經營油、米出口得法，成為糧食局的指定工廠，擁有田地一百二十甲，遍佈花壇、秀水、

鹿港富商黃秋兄弟所建的「金銀廳」，融合日式、西洋和漢式風格，因內有金銀屏風而得名。

福興、芳苑等處，聲勢僅次於鹿港辜家，人稱「鹿港第二富豪」。當時黃禮永曾任臺中米穀搬出商同業組合評議員、兩度擔任保正、出資修繕天后宮、龍山寺、威靈廟、公會堂，為地方聞人。

一九三四年，黃禮永的兒子黃秋兄弟為母親祝壽，在臨街店屋後方新建祠堂。樣式為日本式屋頂和及天花板、西洋風格裝飾與陽臺外廊空間屋身、漢式廳堂格局的混合風格。祠堂視覺重點是分隔漢式廳堂與日式房間的金銀屏風，當時委託雕刻大師李松林邀集匠師十餘人，耗時一年合力製作，極致呈現了鹿港豪商美感品味，祠堂也因金銀屏風而被稱為「金銀廳」。

金銀廳格扇為分底板、腰板、身板三段的漢文化傳統建築形制，平時及逢喜慶時金色正面朝外，喪事則轉為反面的銀色。神明桌後有八面隔扇，分別雕刻象徵福祿壽喜、忠孝廉潔、祈求吉慶等寓意的歷史名人、花卉蔬果及物件，並嵌入「垂勳銘竹帛、遠大望兒孫」對聯。曾接待過總督府總務長官及臺中州知事，被譽為「鹿港八景十二勝」之一的「金廳迎喜」。

近年金銀廳閒置，格扇陸續遭竊，建築本體也日漸傾頹。二〇一五年，新地主向黃家後代購得慶源行後，拆除臨菜園路的店面，而引發社會關注金銀廳的保存問題。在產權人希望拆除開發的情況下，由地方青年組成的文史團體，積極透過展覽、工作坊、模型製作等活動，向鹿港人介紹黃宅歷史，並號召義工清掃環境、向縣府提報指定古蹟，最後終於獲得歷史建築的法定文化資產身分，後續該如何活化再利用，則有賴地方與政府主管機關共同努力。

6 臺灣仕紳的居住空間

長期以來，臺灣社會受漢人的儒家薰陶，普遍重視道德禮教，強調和諧穩定，在政治上傾向明哲保身。每當臺灣受異族統治，原本階級嚴明的傳統社會若起身抵抗而遭到鎮壓，如「西來庵事件」，便逐漸放棄武裝激進，轉而由仕紳階級領導，冀望透過政治參與的途徑，爭取自身的權益。

臺灣人以形式模仿來調適自身文化固有的美學品味，以趨近對於上層階級生活的想像。除了服裝和飲食，居住方式也是身分認同的表現。以洋樓為例，看似新穎先進的樣式，其實蘊含了居住者移植統治階級的生活方式，以及複製上層階級價值的心態。

「成為日本人」

日本治臺後期實施皇民化運動等同化政策，在各種制度的分類與壓抑下，日臺在社會地位與公民權力等方面仍有差異。雖然臺人持續爭取改善，但直到日本時代結束時仍存在某種程度的落差，導致社會無法健全發展。臺人不斷試圖「變得和日本人一樣」，就像明治維新時期日本人對列強的學習欲望，成為上層社會的臺灣仕紳努力的目標。

當臺人中產階級興起，有足夠的資金提供子弟前往日本內地或國外求學，或到世界各地經商，於是興起一股透過國外經驗提升自我社會地位的潮流。眼界大開之後，各種形式模仿——如西方歷史主義官方廳舍——的臺人宅邸逐漸產生，居住其中，彷彿自己也過著一種和統治者同樣的生活，這其實反映了臺籍仕紳藉由模仿，與統治階級平起平坐，卻又不踰越體制的微妙心態。

像鹿港辜家這種與官方關係良好的大家族，為了鞏固家族的商貿利益，而努力扮演總督府協力者的角色，以躋身文明開化的行列。

然而，在這些披著西洋外皮的洋樓裡，卻採用了漢人傳統建築中非常普及的磚材。一九二三年關東大地震之後，以新興材料鋼筋混凝土覆蓋表面的面磚蔚為流行，新式洋樓又以各色面磚展現豐富多變的外觀，成為外來風格形式的在地表現。

透過某個特定樣式來強化特定階級象徵，印證了臺灣地方資本家企圖與世界接軌，及「抵抗統治階級並取而代之的心態」，在臺灣仕紳階級中並不存在，反而近似於明治維新之初，日本政府欲透過「鹿鳴館外交」來提升國家地位、與歐美列強並駕齊驅的心態和手法。

大稻埕李春生宅

清代臺北著名茶商與思想家、臺灣基督長老教會的奠基者李春生，從咸豐年間開始任職於英商怡記洋行、寶順洋行，外語能力佳，曾經營「四達商行」，與板橋林維源合組「建昌行號」，並擔任臺北城築城委員。乙未戰爭時為平息動亂保護基督徒而引日軍入城，獲頒勳六

李春生（1838-1924），福建廈門人，大稻埕商人，基督長老教會信徒與思想家，著有《天演論書後》、《東遊六十四日隨筆》等書。

等旭日章，總督府授參事職。

李春生宅邸位於大稻埕港邊後街三三番戶（後改為港町四丁目二番地，現今迪化街一段二二四巷，曾經因為李家世居於此而被稱為李厝街），採用辰野風格的李宅，據推測是大正年間的建築，主要做為大房長孫李延齡居所。

兩層樓的陽臺面對淡水河，北有辜家鹽館大和行，南有陳天來錦記茶行，為富商豪宅聚集區。此宅圖像曾被用於白先勇作品《臺北人》爾雅版封面，一九八二年拆除後新建七層樓公寓，新建物立面語彙仍延續舊宅的弧拱造型。

大稻埕李春生宅是大稻埕最富盛名的古宅。

基隆顏宅

基隆顏家位於高砂町的宅邸環鏡樓，建於一九一四年，風格採用帶有紅磚與白色仿石帶飾的辰野樣式，三角山牆具有臺灣人商店街屋特徵，一樓騎樓與兩側店屋相連。一九一九年「瀛社」成立後在此聚會，曾出版大會詩集《環鏡樓唱和集》，這裡也是顏家公司炭礦株式會社所在。

顏家陋園除了和館，另有洋館，採用英國都鐸式半木構造。這是當時許多仕紳別莊偏好的樣式，顏家在東京和臺北的別邸也都採用這種樣式。其他類似的宅邸還有基隆河畔臺北茶商陳朝駿的圓山別莊，這棟建築除了半木構造，仿北歐住宅

建於一九一四年的基隆顏家環鏡樓，「瀛社」曾在此舉行詩盟。

的急斜屋頂也是顯著特色。

不同於板橋林本源園邸、新竹潛園等閩南漢文化建築風格的臺灣名園，陋園園林景觀在臺灣庭園史也佔了一席之地，其中以陋園東側華麗的的法國式巴洛克花園最為著名。法式庭園特色在於將植物修剪成幾何造型，強調軸線與對稱等人造痕跡，其觀念來自彰顯君權神授的政教價值，代表主人對於自然環境的高度控制。英、法、日等各國文化共治於一園和諧搭配，實為世界奇景，也反映了當時臺灣受到多元文化的影響。

霧峰林階堂宅

霧峰的林階堂宅也是以急斜式屋頂著稱的宅邸。林階堂曾任霧峰庄長，創辦東華名產株式會社，任大東信託董事、臺灣民報社顧問、三五興產有限公司社長、大安產業株式會社董事、五郎合資會社代表。此外，他也長期資助族兄林獻堂參與政治，爭取臺灣人權益。

林階堂宅邸屋頂的傾斜角度，對臺灣的氣候環境來說並無必要，其造型所象徵的文明與進步意涵，反映了明治到大正時期「西化等於現代化」的觀念：西洋的各種文化符號就如同商品型錄，可供有能力者任意取用。

林宅特色還包括玄關門廊簷帶及窗臺細部帶有中國古典回字紋飾。此樓戰後曾被省政府中興新村規劃團隊暫借為辦公室，也曾經是電影《小爸爸的天空》拍攝場景。

林階堂（1884-1954），臺中霧峰人。父林文欽，兄林獻堂，長子林陸龍，次子林夔龍。曾任霧峰庄長，創辦東華名產株式會社從事水果出口貿易，擔任大東信託董事等職務。

霧峰林階堂宅以急斜式屋頂著稱，玄關門廊簷帶及窗臺細部帶有中國古典回字紋飾。

一九九〇年代遭到拆除，改建為集合住宅建案「紅樓居」，建案大門與警衛室模仿舊宅外觀造型。

新營劉宅

臺南柳營文學家、電影製片人劉吶鷗宅雖然規模不大，但也像鹿港辜宅、斗六涵碧樓等大型洋樓一樣採用取高聳的馬薩式屋頂。劉吶鷗留學東京、上海，精通日、英、法語，與藝文界名人施蟄存、楊朝華、江文也、李香蘭素有往來，曾任中華民國（南京汪精衛政權）機關報《國民新聞》社長，一九四〇年代在上海疑遭國民黨特務槍殺。

一九一〇年代，劉吶鷗的父親劉永耀遷居新營，新營仿造臺南公館（後改為臺南公會堂），興建帶有馬薩式屋頂的法式風格宅邸，彰顯主人交際網絡與生活品味。相較於臺南公會堂屋身以一樓仿石砌基

▲ 劉吶鷗（1905-1940）本名劉燦波，臺南柳營人。小說家、電影製片人，曾就讀上海震旦大學。代表作為《都市風景線》，借鑒日本新感覺派。翻譯橫光利一《色情文化》、弗理契《藝術社會學》。曾任汪政權中華民國國民政府《國民新聞》社長。

▶ 劉吶鷗宅帶有馬薩式屋頂的法式風格，氣勢雄厚更似官廳，足以彰顯主人交際網絡與生活品味。

座，及二樓柱列分為上下兩段的立面分割，劉宅壁柱則是貫穿兩層樓，氣勢雄厚更似官廳，但與宅邸本身不大的整體規模相較，以較強的建築語彙凸顯氣勢，可謂「下手太重」。此外，劉宅修長的比例是一大特色。

一九九〇年代，劉氏後代為求售地產而拆除宅邸，至今仍為空地，周邊附屬建築尚存。

大林江宅省園

日本時代臺灣仕紳的居住宅邸，除了在合院空間加入西洋元素，或建造獨棟洋樓，也有像廣東、金門一帶常見的，在傳統合院旁興建洋樓搭配，如彰化永靖餘三館、屏東佳冬蕭宅旁皆保存洋樓。嘉義大林江宅主人為實業家江文蔚，曾任大林庄長、臺南州協議會員，創設「大莆林信用組合」，取得製糖、製煙

◀大林江文蔚宅邸省園，兩層磚構造西洋風格的洋樓設有迴廊，庭院內有人工湖，由小橋可通往水上洋樓。

▼江文蔚（1880- ？），嘉義大林人，畢業於嘉義公學校、臺南師範學校。曾任職嘉義辨務署及嘉義廳地租官租調查委員、大林庄長、臺南州協議會員與土木委員，嘉義郡水利組合評議員、嘉義興產株式會社董事、大林信用組合長。

及煤礦專賣，獲總督府授佩紳章。

江宅省園建於一九二八年，佔地一甲，設有水池。由小橋可通往池中洋樓。兩層磚造西洋風格的省園，第一層為拱圈，第二層為古典柱式，兩層皆設迴廊，池對岸有八角亭，可登船泛舟。目前水池已被填平，洋樓則於一九九八年拆除，原尚存題有「省園」門匾的西洋式門樓，今僅存門廳磚柱等殘跡，八角亭仍保存於私人公司之內。

戰後建築風格與古宅保存問題

在日本時代晚期，臺灣出現了如臺北高橋豬之助宅與西螺鎮長廖學昆宅等形式相當成熟的現代主義作品，可惜後來曇花一現。戰後臺灣的建築依舊經歷漫長的模仿階段，且因不同時期特定的國族意識形態，而選擇對歐美現代主義或中國

日本時代臺灣仕紳的洋樓

甘州街李宅屋內，大量運用日本時代晚期逐漸普及的馬約利卡磁磚，充滿溫暖華麗的南洋風情。

洋樓的風貌，在鋼筋混凝土普及後更加多元。完成於 1935 年的大稻埕甘州街李宅，是李春生家族二房後代興建的洋樓。立面帶有大稻埕店屋常見的泥塑裝飾山牆，以面磚做為外觀主要表情，屋內大量運用日本時代後期逐漸普及的馬約利卡磁磚（Majolica Tile）。

充滿南洋風情的馬約利卡磁磚，在日本時代早期需從英國進口，因為珍貴而僅局部用於重要的公共建築，如臺灣總督官邸壁爐。後來隨著日本工業技術的進步而能自行生產，又因物資運送便利與民生富庶，華麗繁複、施工便利的馬約利卡磁磚遂逐漸廣受臺灣人喜愛，普遍用於各種民宅空間。2003 年，李春生家族保留舊宅建築構件，仿舊宅風格新建九層住商大樓，並將舊宅構件、家具運用於新建築中，得以延續且豐富了舊宅的歷史。

不同於戰後多數由公部門接收的日本官舍，臺灣仕紳大都保有洋樓的私有產權，可以留給後代子孫繼續使用。部分洋樓有幸獲得妥善利用，但也有不少精美建築因遺產制度衍生的複雜產權，或繼承者無力負擔龐大的修繕費，只能任其凋零或拆除改建。

復古主義的擬仿和再現，與在地的連結益形薄弱。然而現今臺灣社會對成功人士形象的想像，仍極大比例地與古典風情的西洋歷史主義相連結，例如高收視率鄉土劇中的佈景陳設、地產商持續生產西洋古典風格的建案，便可一窺端倪。

臺灣社會尊重產權人處置私有產權的權利，深宅大院中的宅邸所承載的記憶也未必人盡皆知，這些具有保存價值的古宅一旦面臨拆除或變賣時，最多僅能以獎勵性質的法令或「以文化價值換取地產價值」的道德勸說予以搶救，因此經常發生未能說服地主的遺憾。

私宅保存的問題相當繁複，可藉此檢視這個社會看待自身歷史的態度之成熟程度，並成為民間公益或信託機制能否補償其不足的指標。若能予以保存和活化，認識演變及其歷史將有深刻的意義。

西螺廖學昆宅。廖學昆曾任西螺街協議會員、戰後首任西螺鎮長，從事地產業，亦為「菼社」詩人，作詩題名「應谷」。其子廖本懷為香港官員，負責住宅政策；其孫廖宜康為建築師。廖宅門窗雨庇出簷深長，連排小圓窗仿自交通工具，具典型現代主義特徵。近年因火災焚毀。

第2章

餐飲空間：以食物跨越文化隔閡

1 過程即饗宴：日本料亭

臺北紀州庵支店本館

一八九七年，平松德松從和歌山（曾屬於紀州藩）隨軍來臺，在臺北若竹町開設料亭「紀州庵」販售關東料理，因生意興隆而在川端町另擴支店河岸風景。

紀州庵支店本館的規模為一百疊榻榻米，木構造樓房高三層，為了讓遊客從二樓過石橋跨堤而建在河堤邊。除了地面館舍，還有四艘可容納三十人的船形屋，附設廚師與藝妓隨船服務。客人跨越堤岸後，便乘上船遊新店溪，船上提供有香魚的菜色並出租漁網，廚師還會現場料理客人捕到的漁獲。

日本料理講究食材原味，料理手法簡單卻細膩精緻，在船上俐落處理即可送入客人腹中。遊罷新店溪，客人回到陸地上的本館洗浴後，再輕鬆著浴衣到宴會廳繼續宴飲；這是需大動鼎鑊的中華料理難以想像的用餐方式。紀州庵支店因生意興隆，逐年擴建，除了本館，還有提供大型聚會的長型宴會廳「離屋」、書院造格局專門招待高級貴賓的別館等共三組建築群。當年在新店溪畔，這種規模的料亭共有八家之多，足見中產階級的消費實力以及水岸風情的迷人吸引力。

戰爭時期醫院空間不足，紀州庵寬廣的店面成為傷患的收容所。戰後則成為待遣返日人的暫居地，後來被省政府接收為公務員宿舍。一九九〇年代，本館與別館歷經兩次大火毀於祝融，原址改建為停車場，斜坡堤防也被臨河高架道路取代。

二〇〇三年，離屋所在的社區居民訴求拆除離屋，向停管處申請許可闢為停車場，經臺大城鄉所師生調查空間及歷史資源後，發現名作家王文興曾居住其中，於二〇〇四年向文化局提報保存離屋為市定古蹟成功，文化局將其定位為「文學

紀州庵支店本館木構造樓房高三層，建在河堤邊，方便遊客從二樓乘船遊新店溪。船上提供餐飲並出租漁網，還有廚師與藝妓隨船服務。

森林」，之後歷經公部門與原住戶多年協調，二〇一四年修復為藝文空間，向民眾開放。

臺南鶯料理

臺灣另一座饒富歷史情味的飲食建築，是日人天野久吉創建的鶯料理，當年因鄰近臺南州廳、警察署、合同廳舍等行政區，而有「臺南地下行政中心」之稱。鶯料理位於臺南測候所和創建於明鄭時期的臺灣首廟天壇之間，雖無濱河美景，但由石燈籠和竹塀、小橋與流水構成純正日本風情的庭園造景，隱含禪宗和神道哲學思想，能幫助人沉思放鬆，是個適宜吸收與交換各種政治訊息的場所。

店主天野久吉於一九〇五年來臺，曾任職於鶯遷閣，獨立開業後，為紀念前東家而以「鶯」為店名，天野本人則因刀工精湛而有「臺南

鶯料理因鄰近行政區，而有「臺南地下行政中心」之稱。

兩把刀」之譽。一九三六年，天野病逝家鄉神戶，立下遺願請夫人將骨灰送回臺南，置在鶯料理。鶯料理以料理聞名，日本皇太子裕仁親王巡視臺灣時，還曾親來品嚐，但食客更看重的，或許更是在這樣的用餐環境下，得以順利推動的政商交流。

戰後鶯料理被當做臺南一中宿舍，後因閒置而逐漸荒廢殘破。二○○五年被臺南市政府指定為市定古蹟，次年因遭質疑指定過程瑕疵而撤除，加以戰後接收爭議，持續在公部門與私人及政府不同單位間協調產權歸屬。

二○○八年鶯料理大部分構造因颱風嚴重毀損，二○一三年市政府以景觀設施（而非建築文化資產）的定位，保留局部構造以意象復原方式整修，如原本抬高做出空間變化的格局便僅有外牆而無樓梯可到

鶯料理由石燈籠和竹塀、小橋與流水構成純正日本風情的庭園造景，隱含禪宗和神道哲學思想。

達，修復完工後成為開放空間，供民眾休憩使用。

2 飲食革命：西餐

傳統的日本飲食文化，受到佛教戒殺觀念及動物生產力需求等影響，只吃魚、鳥、兔、豬、鹿等獸類，不食牛、馬、猴、雞、狗等家畜。隨著與西洋宗教與商業活動交流，肉食逐漸普及，一八七二年牛肉正式被列入明治天皇的膳食菜單，在日本社會引發相當程度的示範作用，是否食用牛肉成為新時代追求的風尚，也是判別社會聲望的指標，更成為社會觀念中，與西洋列強相較時將「體力」與「國力」連結的提升工具，對長久以來因務農情感而不食牛肉的臺灣人而言，不啻是飲食文化的革命。

臺灣鐵道飯店

所謂文明的餐飲，首先要從用餐環境開始革新，透過空間氛圍改變並塑造新的用餐行為。而由總督府交通局投資，落成於一九〇八年的臺灣鐵道飯店，在明治政府的全盤西化浪潮下登場，便扮演了這個重要角色。臺灣鐵道飯店位在臺北車站前廣場邊壯觀雄偉的大街起點，肩負一出車站即能望見的城市宣傳形象使命，主導建築師為具有華族身分、創立日本建築學會的松崎萬長。

松崎萬長的身分特殊，建築專業的養成途徑有別於同期東大畢業的其他技師，日本史學界推測他是孝明天皇的私生子，為避免宮廷紛爭而過繼給侍從長堤哲長，中學就送至德國留學，大學讀柏林工科大學建築系，回國前受封男爵，先後進入皇居御造營事務局及臨時建築局，出任建築局工事部長，一九〇七年來臺任職鐵道部。除了鐵道飯店，他的作品還有已拆除的基隆車站和新竹車站，設計特色為厚重與華麗並存。

松崎萬長（1858-1921），日本華族，畢業於德國柏林工科大學，曾任皇居造營事務局、內閣臨時建築局工事部部長，日本造家學會創立委員。一九〇七年來臺任總督府鐵道部囑託，作品有臺灣鐵道飯店、基隆及新竹車站、青木家那須別邸、七十七銀行本店、大稻埕公學校、臺中公會堂。

臺灣鐵道飯店採用厚重的馬薩式屋頂，與渡邊讓所設計的第一代東

臺灣鐵道飯店採用厚重的馬薩式屋頂，與渡邊讓設計的第一代東京帝國飯店遙相呼應，從建築到裝潢擺設皆為歐式風格，販售的西式餐飲也是文明開化指標。

京帝國飯店（法國文藝復興風格）遙相呼應。第一位客人是來臺主持「縱貫鐵道全通式」的皇族閑院宮載仁親王，之後也接待過明治元勛板垣退助，尊榮地位可想而知。臺灣鐵道飯店從建築到裝潢擺設全採歐式風格，販售的餐點當然也是文明開化的指標，不僅設有烘培吐司的專門部門，也從美國進口放置珍貴食材、酒類和冰淇淋的冷藏庫，而做為皇室御用飲料的「三矢平野水」（蘇打水），更是臺灣人首次聽聞的新奇飲品。

臺灣鐵道飯店的餐點，以進口肉品為主食，費用甚高，一九一七年時的價格是早餐一圓、午餐一圓五十錢、晚餐兩圓，而大正時代一般教員與警察的月薪，還不到二十圓，真正能享受洋風帶來的文明風尚，也只有政商名流等達官貴人。

鐵道飯店的餐點菜系，以當時被

本島人開設的「江山樓」，以臺灣菜為招牌，大門面對路口轉角，展現高層建築的氣派，當年曾招待皇太子裕仁及眾多皇族。

日本選為國宴的法國菜為主，菜單均以法文書寫。從一份一九一五年的晚宴菜單可見，前菜是各種魚子醬、雞肉清湯，主菜是酒蒸鯛魚佐蝦醬、燒牛脊肉佐馬德拉酒醬、蘆筍佐起司醬或蒸燒火雞佐醬汁（皆附生菜），飲料是香檳凍飲，甜點為奶油西點及巧克力冰淇淋。在這棟風格形式移植自歐洲的旅館內享用這些餐點，或許會讓賓客暫時忘卻自己身在臺灣。

鐵道飯店戰後因盟軍轟炸嚴重損毀，曾小規模修繕復業，爾後仍遭拆除。原址原擬由臺灣省鐵路局重建飯店新廈，弧面階梯屏風造型的量體前衛，頂樓設有直升機起降場，由王大閎、陳其寬、沈祖海合作設計，三位都是留美的優秀中國建築師。後因資金問題未實現，分割基地出售予新光集團及亞世集團，分別興建新光人壽保險摩天大樓及亞洲廣場大樓，大幅改變臺北車站的站前景觀。

3 醬爆油香見證的歷史 註記：中式酒樓

臺灣人開設的中式酒樓，雖是模仿西洋生活方式而採用了洋風建築，卻是臺灣人熟悉的飲食場所。傳統臺灣漢人料理源於福建菜系，福建多山少平地，不產植物油種子，且多當成飼料餵豬，因而以大量豬油烹調為其飲食特色，煎炒爆拌無油不上口，曾讓初來臺的日本人大感吃不消，著名評論家佐倉孫三便曾於《臺風雜記》中寫道，臺灣人「是非食穀，食油也！」

此菜系發展成精緻的飲食文化，就是上流社交宴飲代表的「酒家菜」。著名菜色如桂花魚翅、油條炒雙脆、魷魚螺肉蒜、蛤仔鮑魚、紅蟳米糕、排骨酥、佛跳牆、紅糟肉、雞捲、金錢蝦餅，無不是油香四溢，氣味濃郁的料理。

大稻埕江山樓

如同酒家菜混合多種材料的厚重風味，代表中國料理的酒樓建築，也呈現當時流行的洋風面貌，外覆暖色面磚，襯托富麗堂皇的澎湃排場。因曾招待皇太子裕仁及眾多皇族而著名的大稻埕酒家江山樓便以臺灣菜為招牌。創辦人吳江山的孫子詩人吳瀛濤回憶：江山樓樓高五層，一樓為辦公廳、廚房等服務空間，二、三樓各有七間精緻宴會廳，四樓為特別接待室，另有洋式澡堂十間、理髮室，四、五樓尚有屋頂庭園展望臺，各層樓裝飾美術玻璃鏡，外觀雖然頗為簡潔，但室內富麗堂皇，用餐時還有藝旦獻唱，服務人員時常超過五十人，以皇宮比喻也不為過。

江山樓大門面對路口轉角的配置，展現高層建築的氣派，相較於街廓內其他三層樓店屋房舍則顯得高聳，破山牆設於長邊，一樓採用連續拱圈延續鄰近房舍騎樓，也可做為來客聚集、凸顯熱鬧的暫時休憩場所。一九八三年拆除改建，今址為歸綏街廿州街口玉暉大廈。

大稻埕蓬萊閣

淡水實業家（從事石油貿易）黃東茂獨資興建的蓬萊閣，因蔣渭水推動的「臺灣工友總聯盟成立大會」在此舉辦而聲名大噪。該聯盟以爭取勞工權益，增加和資方談判籌碼為宗旨，在左派運動被鎮壓前，成功主導串連過多次罷工，為工人謀求改善工作及生活條件等福利。

蔣渭水（1890-1931），宜蘭人。畢業於宜蘭公學校及總督府醫學校，曾加入中國同盟會臺灣分會，曾於宜蘭醫院實習，後於大稻埕開設大安醫院。曾成立臺灣文化協會、臺灣民眾黨、臺灣工友總聯盟，創辦《臺灣民報》。

大會成立當天，蓬萊閣的門柱上懸掛著蔣渭水題寫的「同胞須團結，團結真有力」標語布條，全臺各地二十九個工會組織、一百三十名代表的五十九輛座車遊行臺北市街，再魚貫通過蓬萊閣寬廣的庭院，可謂門庭若市。

蓬萊閣的菜色包羅萬象，為了與江山樓的臺菜分庭抗禮，除了福建菜系，店家尚親自前往中國招兵買馬，融入四川與廣東料理，菜譜最終發展為上千道菜的「食典」。根據自幼來此學藝的大廚黃德興回憶，學徒要從洗菜、切菜、清腸、拔毛，清洗廚具、打掃環境，到洗滌大廚衣物等瑣事做起，但最辛苦的工作，則是因當時食材需求量大，每天要拉著二輪車，從永樂市場拖回材料。

地位越高的大廚，腳底下的木屐越高，走起路來喀喀作響非常氣派，也成為學徒嚮往的地位象徵——城堡般的酒樓中，美食生產系統也如同封建莊園的階級般森嚴。戰後蓬萊閣曾轉賣給徐傍興醫師（屏東美和中學創辦人），改裝成外科醫院，後來在一九七〇年代拆除改建。昔日資本家建構的享樂空間已不復存，若非因為勞工階層的團結運動而在歷史上留下鮮明身影，恐怕早已被大多數人遺忘。

蓬萊閣外觀為西洋歷史主義風格的磚石共構（實為鋼筋混凝土外覆面磚，交錯搭配仿石造洗石子材質），配置面臨丁字型路口、高三層樓、如同官廳的立面雙衛塔，面對叉路，氣派壯觀。格局縱深極長，除深廣之前庭花園設有迴車道，內院亦有庭園，頂樓為平屋頂，可舉辦露天活動。

臺南新松金樓

臺灣工友總聯盟於一九二八年在蓬萊閣大張旗鼓的成立後聲勢大振，隔年第二次代表大會移師臺南，選在甫於一九二七年落成開幕的新松金樓舉行。新松金樓由原本經營餐廳松金樓的蔡麒麟、蔡麒全兄弟和友人蔡金生合資，選在清代以來因鄰近水仙宮旁的南勢港，應船員需求而興的著名花街「新町」，新建高四層樓的餐館。

一八五九年，彰化詩人陳肇興遊歷府城，曾寫出《赤嵌竹枝祠》：「水仙宮外是儂家，來往估船慣吃茶，笑指郎身似錢樹，好風吹到便開花。」可見水仙宮一帶的繁華盛況。日本時代集中特種行業至新町管理，蔡氏兄弟看準市場商機，以當時最摩登的裝飾藝術風格打造餐飲地標，以美味料理在風月場所站穩腳步。在多為平房的妓女戶間，四層樓高的新松金樓鶴立雞群，除了外牆精緻的砌磚與紋路細緻的泥塑裝飾非常吸睛，電梯與避雷針也是當時因應高樓層建築所需的新穎設備。

一九六〇年，一位海軍陸戰隊蛙人到新町的妓女戶白嫖，被圍事痛毆逃跑到新松金樓，當時店主蔡大陣出面制止，後來新松金樓被軍方勒令停業，在不斷陳情下於一九六四年准予復業，至一九七九年開始閒置破敗，到二〇〇四年才受到臺南市文化局的重視，試圖指定為文化資產保存，但屋主後代希望賣給建商，仍於次年拆除，於是結束臺南餐飲業的傳奇。

當年府城著名酒樓新松金樓遭拆除，寶美樓被包覆在裝潢下不見天日，僅西門町的廣陞樓仍然存在。廣陞樓屬於當年西門圓環酒樓群，

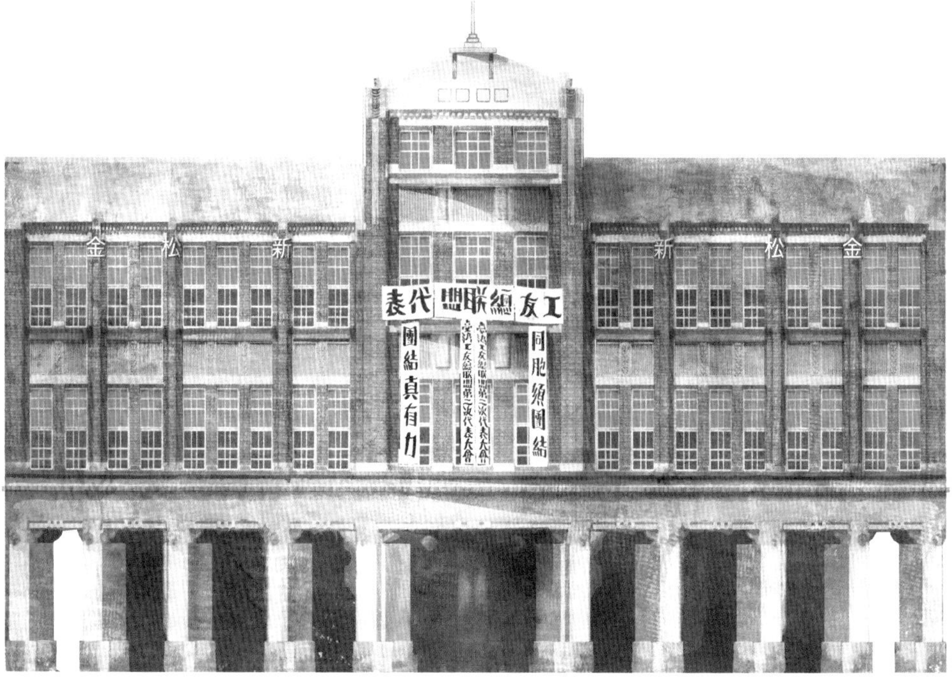

1929 年在新松金樓舉辦的臺灣工友總聯盟第二次全島代表大會，由臺南機械工友會盧丙丁及基隆木工工友會楊慶珍的主持，宣示「以合理的鬥爭排斥所謂的幼稚病，期形成臺灣工人運動的統一戰線。」蔣渭水亦發表慷慨激昂的宣言，隔年代表大會又回到臺北的大稻埕舉行，爾後遭到政府壓制，未再舉行。與蓬萊閣同樣懸掛在新松金樓上的大會布條，也成為工運記憶的重要影像。

一九三七年屋主高氏家族向臺南信用組合會長盧世澤借貸，後因無力償還而讓渡給盧家，其子盧金生在此開設世澤醫院，二〇〇三年被指定為臺南市定古蹟。

在吸納各種文化的歷程中，臺灣飲食百花齊放，但符合料理原生文化的用餐環境卻日漸減少，頂多只能在室內裝修上有些許異國風情。或許就像所有的料理口味最終都會走向在地化，以往仰之彌高，一般人無法輕易進入的料亭、飯店、餐廳，隨著階級流動而鬆動，也因日漸普及的混雜口味，而以飲食跨界打破文化的隔閡。於是，我們可以在一場自助餐的饗宴中，看到生魚片與牛排、切仔麵和義大利麵並存的文化融合景象。如此繽紛的飲食文化，與臺灣混融多元文化的豐富建築，有異曲同工之妙。

1964 年復業後的新松金樓盛況已不復往日，蔡家只好分租樓層，二樓租給黃俊雄布袋戲搭設戲臺，三樓租給一位空軍士官經營清茶館，磚構外牆也被水泥覆蓋。

第3章

戲院：呈現幻景的作夢場所

1 從家族娛樂到大眾場所

日本時代的娛樂活動

十九世紀末，有「第八藝術」之稱的電影應運而生，為表演藝術帶來一大革命。早在電影發明前，佈景、燈光、服裝等各項元素已被運用於戲劇表演，但電影以重複播放的形式，讓演員表演不再侷限於出場次數，也降低了欣賞表演藝術的門檻。而電影的放映技術，建立於工業革命後普及的科技文明，相較於傳統表演藝術，在二十世紀初帶有濃厚的未來感，再搭上建築風格演變的潮流，一種新的建築機能類型於焉誕生。

法國盧米埃電影一九〇〇年在臺灣淡水館（原址為登瀛書院）首映，轟動一時。當時的電影是默片，臺灣民眾的生活中也有其他娛樂（如和劇、歌仔戲、京劇和舞臺劇），電影並未馬上取而代之成為主流娛樂，也無專屬的放映空間，而是與其他表演活動共用。直到一九三〇年有聲電影在臺灣放映後，中產階級開始把上電影院當作成需要西裝革履赴會的社交大事，設備音響齊全的現代新式電影院從此成為城市中的娛樂地標。

遠溯西方文化，早在希臘時代就有半月環型劇場的表演空間。後來歌劇院大都採用新古典主義形式，以傳承自希臘的三角山牆及古典列柱塑造出崇高的觀看體驗，觀眾身穿燕尾服或晚禮服、頭戴大禮帽或頭飾盛裝出席，自身也成為被觀賞的對象。

而誕生於一九二五年巴黎「裝飾藝術博覽會」的裝飾藝術（Art déco），以裝飾表現服務業主及消費者為訴求，呼應人類原始的炫耀心理。當這種風格走出博覽會場，便在象徵庶民通俗品味的商辦大樓、百貨公司與電影院等建築中大放異彩。裝飾藝術的風格語彙來源包羅萬象，歷史上所有出現過的風格元素，都被抽象線條化而為其所用，以營造歡娛的熱鬧景象。日本時代在臺灣的日本建築技師立即捕捉到這種潮流，為建於大正年間的西洋歷史主義街道，加入昭和時期摩登新表情。

日本時代戲院的設計者，將裝飾藝術的商業特色發揮得淋漓盡致，重點裝飾如海報看板般展演於大街的輕薄立面，旁邊則是無裝飾的側牆。此種著重立面的手法，在臺灣已有店屋的牌樓厝深植地方，差別在於裝飾藝術風格的圖案充滿科技與未來感，就像存在於銀幕上的虛擬幻象，充滿節慶的臨時性格，成為臺灣戲院獨有的特殊風格。

從淡水戲館到臺灣新舞臺

「臺灣新舞臺」的前身「淡水戲館」具備裝飾藝術風格的雛型，而改建後的「臺灣新舞臺」外觀則融合江南馬頭牆與閩南燕尾翹脊等元素。鹿港辜家經營的淡水戲館，可說是從家族戲臺過渡到大眾娛樂場所的早期重要案例，從娛樂產業的建築形式，也可看到慣於穿洋服、吃洋食的臺灣仕紳的國族文化認同。淡水戲館興建於一九〇九年，原為日人荒井泰治產業，一九一五年由辜顯榮購得改建，更名「臺灣

辜顯榮（1866-1937），彰化鹿港人，早年經營糖、煤產業。曾協助平定治安，敘勳六等授單光旭日章，陸續獲多種專賣權，任臺北保良局長並創立保甲總局，任全臺官賣鹽商組合長、臺中廳參事、日本貴族院議員。

新舞臺」，建築外觀融合江南馬頭牆與閩南燕尾翹脊等元素，立面極具魄力的兩頭龍形裝飾充滿中國式的奇幻色彩，在當時經常邀請中國京劇團到此演出。一九三一年由辜顯榮義子楊蚶重整，改演歌仔戲，戰爭時期遭到轟炸損毀，爾後拆除。

淡水戲館雖非電影院，但透過皮層的形式風格反映內在活動，已具備裝飾藝術風格的雛型和商業精神，而辜家喜愛並推廣戲劇文化的傳統反映在空間上，延續至一九九七年落成於信義計畫區內中國信託總行大樓內的「新舞臺」，以及二〇〇四年開設於中山北路臺泥大樓內的「臺北戲棚」。

2 文化大城與反抗舞臺

日本時代的臺中，是臺灣文化重鎮，第一所臺灣人創辦的中學校（臺中一中）、第一個臺灣人成立的詩社（櫟社），都誕生在這座城市。活躍思想的傳播與訊息接收也反映在多彩多姿的戲院建築上，幾座著名的臺中戲院，堪稱臺灣反映時代潮流的代表建築。

臺中樂舞臺

一九一九年設立於柳川旁的樂舞臺，上演歌仔戲、布袋戲，也放映引進自中國的電影，可見其所在位置（臺灣人聚居的初音町）之客群需求。磚造的醒目三角山牆與前一年（一九一八年）落成於臺中公園旁，由松崎萬長設計的臺中公會堂相當相似。

除了觀影功能，樂舞臺也因兩次臺灣農民組合（由簡吉擔任中央委員長）全島大會在此召開，

臺中樂舞臺磚造的三角山牆，與松崎萬長設計的臺中公會堂十分相似。當時劇院主要演出歌仔戲、布袋戲，也放映電影。

而名留青史。第一次大會（一九二七年）聲勢浩大，日本農民組合中央委員長山上武雄、日本勞動農民黨幹部暨臺灣農民組合律師古屋貞雄，皆從內地及朝鮮前來指導，臺灣文化協會的左翼領導者連溫卿列席顧問，可謂跨國族的階級串聯。同年稍早，造成臺灣文化協會左右分裂的會員大會，也在臺中公會堂召開。由此可見，當時臺中因為遠離統治者所在的臺北，而得以成為文化思潮的重心。

第二次農民組合全島大會是為了聲援日本共產黨遭政府整肅（三一五大檢舉）而召開。當時日本國內左翼團體被迫解散，簡吉與日本共產黨員林兌、臺灣共產黨員謝雪紅取得聯繫，共同指導臺灣農民組合第二次大會，以「彰化勞動者農民聯合大會」名義，號召全島集會以示聲援。兩次大會與會者包括代議士、律師、群眾等皆高達八百人，顯示樂舞臺可觀的空間規模，也反映農民對政商結構壓制的不滿。農民組合第二次大會遭政府強制解散，並於次年發生臺灣農民組合成員遭大規模逮捕的「二一二」事件，此後便在總督府鎮壓下停止活動。而見證農運歷史的樂舞臺則於一九九〇年遭拆除改建停車場，近年於原址起造豪宅建案。

謝雪紅（1901-1970），彰化人，臺灣共產黨創始黨員、中國共產黨黨員、臺灣民主自治同盟首任主席，在中國曾參加五卅運動、任中共中央華東局軍政委員、中華全國婦女聯合會副主席，1954 年當選全國人大臺灣省代表。

臺中座

臺中最早的戲院臺中座開設於一九〇二年，經營者為坂本登，一九三六年遷至第一市場西北側的榮町四丁目（原為陸軍用地），弧形立面造型為裝飾藝術風格時期。這種形式語彙常被運用於大跨距空間，在臺灣亦可見於彰化銀宮戲院與臺北機廠澡堂。

該街廓在陸軍釋出後，還建造了行啟紀念館及臺中州市營娛樂館，三座裝飾藝術風格的大型建築，構成臺中重要的市民聚會區域。戰後臺中座由國民黨中影接收，改名為臺中戲院，一九四七年二二八事件後，也見證了時代浪潮，謝雪紅曾在此召開市民大會。一九七八年因經營不善，由中影售出，拆除後興建北屋百貨大樓。

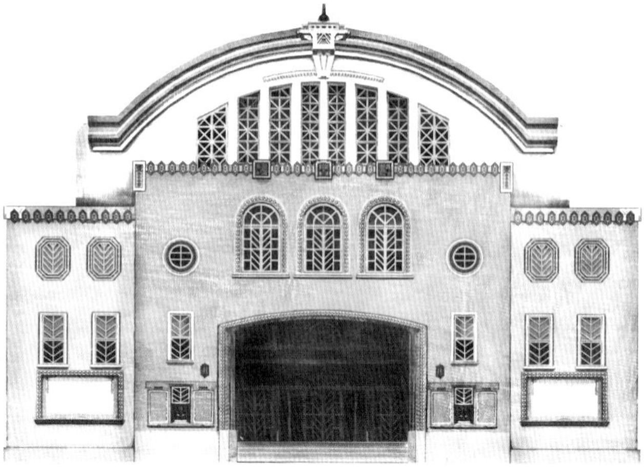

▶ 日本人經營的臺中座是臺中最早的戲院，建築的弧形立面造型帶有裝飾藝術的風格。

▼ 正立面著重幾何造型裝飾臺中州市營娛樂館，是 1930 年代普遍流行的電影院建築風格。除放映一般影片，戰時亦兼具官方教化使命。

臺中州市營娛樂館

一九三二年落成的臺中州市營娛樂館，出自臺中市役所土木課技手齋藤辰次郎之手。齋藤辰次郎完成此案後由公職退休，於臺中開設事務所，作品包括臺中市櫻町的天外天劇場，亦為造型相近之裝飾藝術風格。

娛樂館僅正立面著重幾何造型裝飾，這種做法是裝飾藝術風格的特徵，也是一九三〇年代全世界電影院建築普遍流行的風格。娛樂館位於行啟紀念館與公會堂之間，除放映一般影片，戰時亦兼具官方教化使命。戰後持續做為成功大戲院使用，一九五八年曾發生放映時遭人放置手榴彈、爆炸造成四人死傷的事件。一九六〇年拆除改建大樓，後由遠東百貨併購進駐。

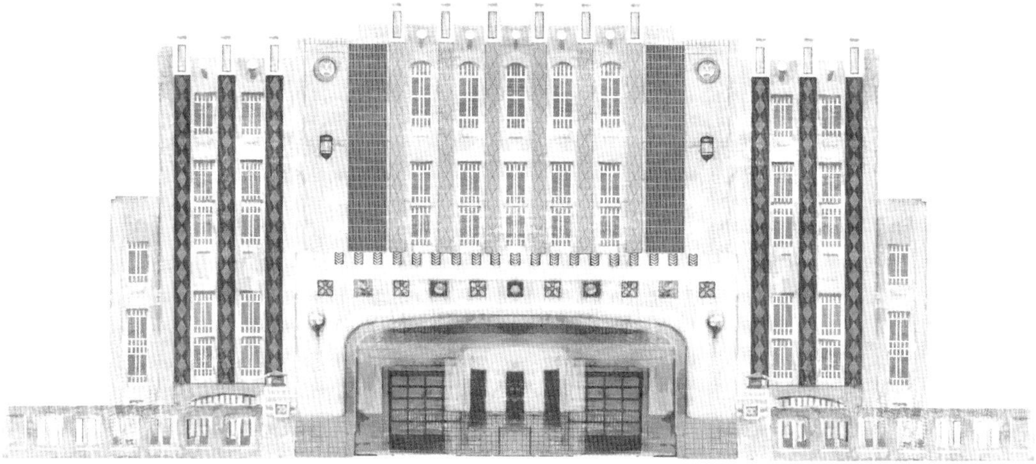

行啟紀念館是為了紀念皇太子造訪臺中而建造，後來兼具臺中教育博物館和物產陳列館的任務，此公共建築已提供帝國對人民知識教化的各種功能，一九三〇年代出現左右兩座門面豪華的電影院，肩負以娛樂延伸教化的任務，如戰時曾放映的賣座片《南京陷落》等，培養人民的愛國情操與精神力。

以娛樂民眾為宗旨的戲院建築，需要以誇飾的面具來呈現有別於日常生活的異質空間，淡水戲館就是以江南馬頭牆營造京劇的舞臺。或者如當時許多戲院，都可從側面觀察到薄如卡片的立面造形，與立面後的放映空間機能並無對應。市營娛樂館和臺中座用盡心思的設計安排，也大多出現在正立面，街道上不容易看到的側立面，則相當平整樸素。

此種著力表層雕琢的做法，設計技術與知識門檻相對單純，不會碰觸到太深入的詮釋和象徵意涵的建構，避免使用過於繁複嚴謹的樣式而造成社會階級的隔閡。以消除表象的不平等來敉平階級差距，是教化的重要手段。

天外天劇場

然而，民族民族情結不是這麼容易就消弭於無形，尤其見於少數上層階級與日本人較量的心態。臺中天外天劇場具有這樣的背景。

臺中富紳吳鸞旂的兒子吳子瑜繼承家業復經營土地、礦產，除了維持吳家基業，還加入民族色彩濃厚的中部詩社「櫟社」，熱愛觀賞京劇，時常前往樂舞臺觀賞中國來臺藝人表演。相傳有次吳子瑜觀劇時中途離場，返回時發現長板凳的座位遭人佔據，佔位者反問吳子瑜：「椅子又沒有寫你的名字。」受到

齋藤辰次郎設計的天外天劇場，與臺中州市營娛樂館造型相近，都是帶有裝飾藝術的建築風格。

吳子瑜（1885-195、），臺中東勢人，父為吳鸞旂。曾在上海經商，襄助中國革命。返臺後曾任大東信託會社股東、臺中縣參事、臺中廳參事，臺中市協議會員。好吟詩，為櫟社、怡社、樗社、東墩吟社等社員。

刺激後，吳子瑜將家中戲臺改建為對外開放的劇院，在一九三五年斥資十五萬圓，聘請齋藤辰次郎設計與臺中市營娛樂館一樣具有雉堞狀裝飾、同為裝飾藝術風格的天外天劇場。另外還特別訂製鑄有姓名的鐵椅來「宣示主權」。

劇場演出歌仔戲也放映電影，另設置舞廳、餐飲和販賣店，成為中部地區上層社會的社交場所。三樓曾為櫟社的聚會所，林獻堂也曾前往觀劇，豐原仕紳張麗俊盛讚可比美東京寶塚劇場。而吳家聘請曾設計官方戲院的日本建築師來設計家族戲院，目的在於彰顯業主的社會地位。

此外，觀劇廳兩側以藍地黃虎旗為裝飾，皇民化期間仍以臺語發音解說電影，戰時更將屋頂漆成醒目的紅色，以表達他的政治立場。吳子瑜曾資助孫文和吳佩孚，戰後甚至為了修建孫文曾經下榻的臺北梅屋敷而賣掉天外天劇場，可見他深具濃厚的國族情感。

在二戰期間，天外天劇場的鑄鐵座椅遭徵收，戰後修復設置六百五十席座位，改為國際戲院，停業後曾為娼寮、鴿舍

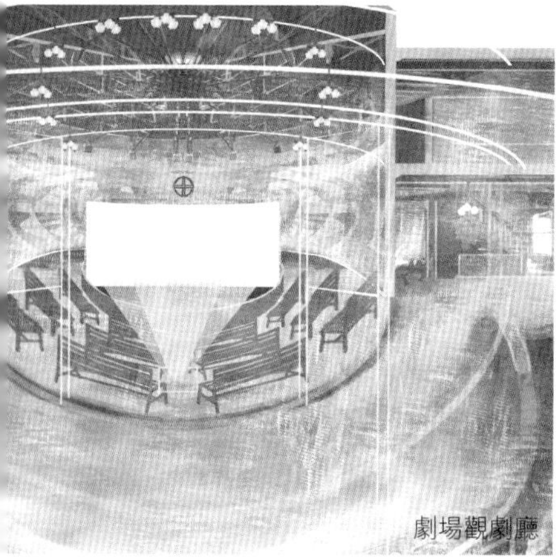

劇場觀劇廳

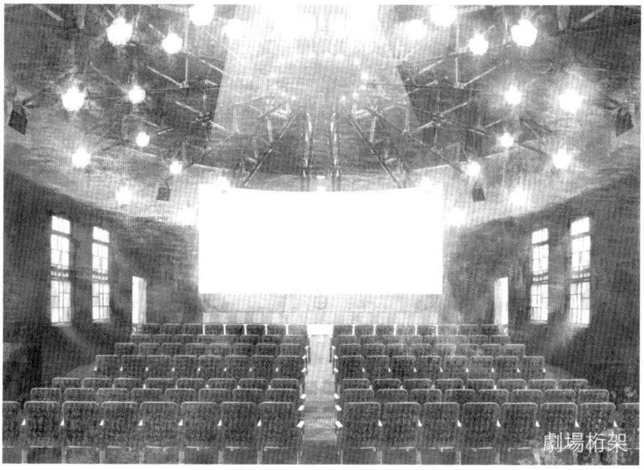

劇場桁架

劇場售票口

天外天劇場落成於一九三六年，欄杆間鑲嵌隱藏戲院名稱的鏤空雕花鑄鐵標誌，細緻表現時代的工藝美學。劇場室內材質豐富，從洗石子、馬賽克磁磚、不同質感的灰泥牆面到精緻的燈具五金，反映出一九三〇年代精湛的工藝與技術，畫家顏水龍也曾在大廳留下壁畫作品。而取法古希臘劇場配置的圓形觀劇廳，其他劇院難以企及，尤其是籠罩其上的放射狀屋頂架構，比臺北西門外的新起街市場屋頂還要壯觀。

劇場大廳

及停車場，昔日精雕細琢的泥塑、馬賽克磁磚等裝飾逐漸為市民所遺忘。二〇一三年，因所有權人欲拆除而引起民間團體關注和奔走，後來臺中市文化局於二〇一四年將其指定為暫定古蹟。二〇一五年，天外天劇場暫定古蹟保護的期限到期，屋主開始拆除局部屋頂與內裝之際，地方希望保留並妥善活化，於是市府再度介入，目前命運未卜。

3 城市的集體記憶

位於西門町的新世界館與大世界、臺灣、大光明與芳明等五家戲院，在戰後由國民黨接收，一九六五年黨營媒體中影公司改建為新世界商業大樓，就在今日西門町捷運六號出口外，大樓內設有真善美戲院，繼續放映電影。

臺北新世界館點綴鮮豔裝飾的白牆，突顯明快的立體感。大門旁兩尊肖像充滿戲劇效果，高聳的外觀非常醒目，騎樓的設計更使其融入市街。正因為是戲院而非正經八百的官廳，森山松之助因此得以揮灑與世界流行風潮同步的前端設計。

大稻埕仕紳聚集的臺灣第一劇場，由茶商陳天來、莊義芳商行老闆莊輝玉投資興建，特別在一九三五年始政四十周年紀念臺灣博覽會前開幕，在當時有「本島唯一綜合娛樂殿堂」的稱號。

臺北新世界館、臺灣第一劇場

臺北西門町「世界館」由「新高館」（片源來自「日本天然色活動寫真株式會社」）改組，經營者為日本人古矢正三郎，在一九二〇年開幕，戲院位於西門町橢圓公園西北側，由知名建築技師森山松之助設計整修改建，是臺灣少數具有分離派風格特色的建築，這也是他離臺返日前，為臺灣留下一座森山在臺灣極少數非歷史主義樣式的作品。

除了日本人的娛樂重鎮西門町，在臺灣人聚居的大稻埕，臺灣仕紳在此打造育樂環境不遺餘力。除了辜家的新舞臺，一九三五年趕在始政四十周年紀念臺灣博覽會前開幕的臺灣第一劇場，位於太平町五丁目，由茶商陳天來、莊義芳商行

老闆莊輝玉投資，陳天來三子陳清波擔任社長，名辯士天馬茶房的老闆詹天馬任經理，並聘請上海鳳儀京班當紅生小三麻子開檯演出。其後由陳清波外甥吳錫洋經營的第一映畫製作所提供片源，放映電影。一九三七年成立的第一映畫製作所，在同年也攝製了由古倫美亞專職作詞李臨秋編曲的《望春風》，為臺灣第一部有聲電影。

陳天來對戲院經營很有興趣，一九二四年即投資永樂座，投入第一劇場的經費更高達十萬餘元。第一劇場由日人玉置康夫設計，外觀為覆溝面磚的折衷樣式，九座長條拱窗非常氣派，一樓為森永糖果直營店，二、三樓為第一咖啡店，四樓為第一舞廳，還設有撞球檯、容納一千六百餘個座位、旋轉舞臺等，噱頭十足，在當時有「本島唯一綜合娛樂殿堂」的豪氣稱號，顯示戲院已走向多角化經營。一九六九年第一舞廳發生火災後拆除改建為大樓。

宜蘭座

當西部大城市的娛樂地景蓬勃發展，東臺灣宜蘭的第一家戲院「宜蘭座」也在一九三三年開張，與新竹市營有樂

宜蘭座以鋼筋混凝土建造，這是當年流行的裝飾藝術風格。弧面外牆充滿動感，兩座塔樓以彩色鑲嵌玻璃組成的幾何圖案，完美表現時代的風潮。

館（今新竹市文化局影像博物館）建於同年，由宜蘭街士紳黃天賜、吳蕃薯、林長賜、黃崇煌、黃木火、黃來富、呂長柏等七人集資八萬日圓興建。

宜蘭座量體進深長約三十公尺，兩層樓共可容納六百餘名觀眾，在當時《臺灣日日新報》上的宣傳標語是「蘭陽唯一，美麗堅固」。開幕初期只演出歌仔戲，後來也逐步邁入有辯士配音的黑白無聲電影，一九四〇年後開始放映有聲電影。戲院旁的巷內也曾發展為特種行業聚集的紅燈區。「宜蘭座」營業至一九九〇年代，不敵人口外移、電視普及等大環境因素而歇業。至今屋頂塌陷，仍存壯觀的牆體，若能妥善修復再利用，必能成為市區重要的文化據點。

高雄鹽埕金鵄館、臺南善化戲院

在日本時代，南臺灣最大的電影院是高雄鹽埕金鵄館，店主原為泉寬平，後來轉賣給實業家船橋武雄，並於一九三五年整修重新開幕。樓高三層，可容納一千名觀眾，在高雄首創引入折疊式座椅，間隔寬敞為當時全臺之冠。戰後由國民黨接收改名光復戲院，曾由中影經營，位於今大勇路新樂街口東側，二〇〇二年因興建高雄捷運而遭到拆除。

高雄鹽埕金鵄館是日本時代南臺灣最大的電影院，一九三五年整修時，將原本的弧形山牆改建為流行的裝飾藝術風格階梯型，而且立面隨路口轉角位置呈現弧面。

臺南善化戲院落成於一九三二年，由胡姓、王姓家族共同經營，登記業主名為「大井常平」，是王姓業主的日本名。戲院選址有將人潮從人群聚集區域由慶安宮向東吸引的市街延伸考量，開幕時取名「新舞臺」，可以想見與臺北新舞臺比美的企圖心。

隨著新式媒體興起，戲院逐漸沒落，善化戲院於一九八一年停業。二〇一五年，臺南藝術大學「創藝營造公社」的學生發起藝術行動，為老戲院再放映最後一場電影，搭配展示戲院的歷史照片、當地耆老

臺南善化戲院外觀原為歷史主義樣式，著重於雕琢皮層般淺薄立面的手法，正好符合戲院建築的特徵。戰後改建時採用簡潔的現代主義外觀，飛揚的雨庇造型反映鋼筋混凝土所帶起的材料革命，而歷史主義的華麗門柱則保留了戲院做夢場所的象徵。

洪景星父親的戲院手抄本等文獻史料，勾起許多民眾的回憶，最後戲院於當年年底拆畢。

在二〇一〇年下營文貴醫院拆除事件中，臺南藝術大學創藝公社曾積極透過行動藝術，試圖喚起地方民眾對文化資產的重視。雖然後來醫院遭到拆除，但學生積極參與公共事務的行動，正面反映了文化資產的普世價值。

4 不隨時移的娛樂形式

改朝換代並不影響庶民觀劇的樂趣，民間營造技術與業主品味風潮的轉變，也非一朝一夕。戲院不像其他公共建築那樣，容易受到政權更迭的意識形態改變所影響，可說是少數跨越時代並維持特有形態的建築類型。

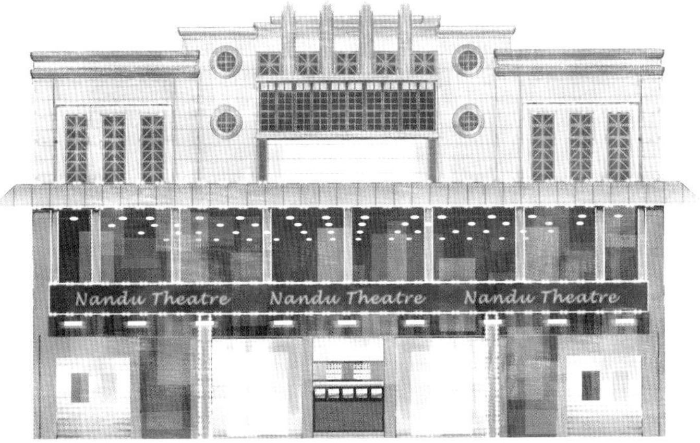

戰後開張的南都戲院，曾是香港電影《賭神2》片中重要一景。

臺南南都戲院

臺南南都戲院於一九四九年開幕，一九五八年率先裝設全棟空調系統，到了一九九三年更斥資增添

蕽漁之家大戲院帶有裝飾藝術的風格。工商業發達的歐美城市常將霓虹燈管裝飾在戲院建築上，增添夜晚迷幻效果。但在昔日農業為主的臺灣，即使新式電影院的建築與當時世界流行的裝飾藝術風格同步，由於入夜後戶外活動並不旺盛，因此戲院的宣傳著重於白天展示的大型手繪看板，以致精雕細琢的裝飾藝術風格立面長年被隱藏覆蓋於看板後頭，形成臺灣電影院建築的一大特色。

設備及放映廳數，成為西門路、友愛街周邊商圈的核心地標。

香港電影《賭神2》（一九九四年上映）拍攝時曾來臺取景，南都戲院是其中重要場景之一。二〇〇三年，南都戲院結束營業後拆除，原基地將進行都市更新。但令人玩味的是，南都戲院的身影卻因為這部經典電影不斷在電視臺重播，而不時出現在大家眼前，這個「實現幻夢為具體」的場所，反而因為影像本身而持續被記憶。

宜蘭頭城蕽漁之家大戲院

宜蘭頭城的蕽漁之家大戲院為土壟間倉庫所改建，由頭城鎮農會籌建於一九五三年，一九五六年完工，一九六一年招租，放映電影也演出歌仔戲、舞臺劇，平日為鎮民的集會中心，每年農民節、漁民節，免費招待農漁民憑證入場。

戲院雖興建於戰後，但保有日本時代末期流行的裝飾藝術風格特徵，洗石子外牆壁面有少許勳章飾，屋頂構造採鋼樑芬克式桁架。一九八三年結束營業後曾改為其他商店使用，二〇一二年由農會拆除，目前為停車場。近年頭城因蘭陽博物館帶動藝文風氣，還有鐵路旁宿舍群、拱廊老街等由各時代不同類型老屋整修而成的藝文空間，辳漁之家反而失去妥善活化再利用的機會，實在可惜。

新竹新埔戲院、高雄大舞臺戲院、西螺座

同為其他建築改建的戲院，尚有新竹新埔戲院。戲院位於新埔天主堂後方，戰後改建自鳳梨工廠，但外觀上的改造僅在成功街面增加一片帶有雙圓窗及仿古典三角山牆的立面，呈現裝飾藝術的風格。戲院在停業後成為農會倉庫，可見其內部空間具相當的調整彈性。二〇一四年遭到拆除。

由澎湖建築師蕭佛助在一九四七年設計的高雄大舞臺戲院，原址為高雄製冰株式會社，因戰爭毀損，戰後由蕭佛助改建經營，陳寶銳擔任負責人。最初主要上演歌仔戲，一九五〇年由林啟東承租放映電影，一九五三年由省議員郭國基取得產權經營，並進口日本新式器材。

郭國基認為，電影應被當作教育事業而非娛樂事業，故支持政府對電影業者減稅，致力推廣電影文化。一九七〇年，大舞臺由郭家媳婦林月姮擔任經理，設置典藏電影書籍的「大舞臺書苑」，開放參觀，並成立出版社，翻譯國外藝文思潮書籍，曾為有「郭大砲」之稱的郭國基出版問政錄。一九九九年停業後閒置，後因郭家後代無保存意願，於二〇一一年破壞山牆，由市政府緊急指定為暫定古蹟持續審議，二〇一三年決議不予指定而遭到拆除。

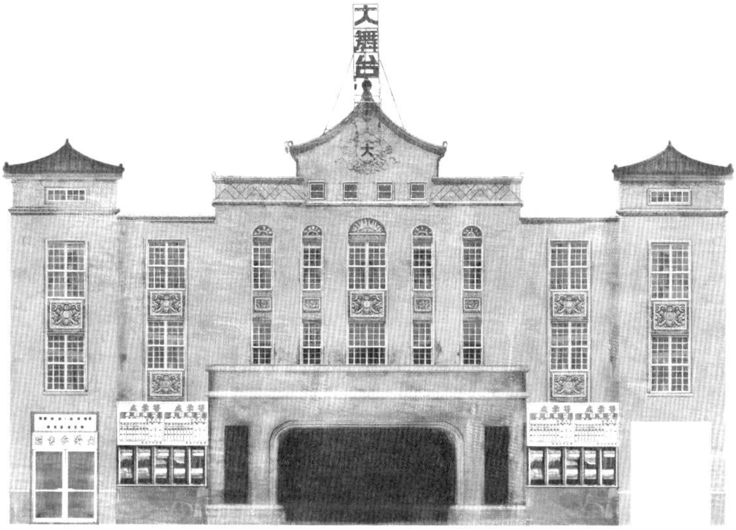

▶新竹新埔戲院的裝飾藝術風格，帶有皮層精神的街道表情。

◀高雄大舞臺戲院的山牆造型取材自臺灣傳統建築「人字規」，兩側帶有東方趣味塔樓屋頂，兼具西洋與東方風情的泥塑紋飾細緻優美，保存了日本時代的細緻工藝傳統。

大

一九三七年市區改正，西螺鎮延平路上仍可見許多風格獨具的店屋。建於一九三七年的西螺座，經營者為「廣合商號」（現延平路五十七號臺灣永豐米糧行）的林德友，好萊塢製片林暐為其後代。西螺座內部座位分上下兩層，可容納五百人，可以想見當年的繁華。戰後西螺座改名西螺大戲院，曾一度因改編七等生的《沙河悲歌》，而將招牌改為沙河大戲院。二〇〇一年登錄為雲林縣歷史建築，但缺乏妥善維護，情況岌岌可危。

郭國基（1900-1970），屏東東港人。畢業於東港公學校、臺南長老教中學、明治大學政治系。在日組織新民會，返臺加入臺灣文化協會、臺灣議會期成同盟會。戰後歷任臺灣省參議員、省議員、立法委員。

時至今日，許多電影院藏身於看不見表情的高樓大廈中，戲院建築不再肩負象徵機能，原本由裝飾帶來的奇幻趣味已難從建築外觀窺得，只能進到電影去尋找了。

西螺座的立面帶有巴洛克動態曲線的弧形山牆，山牆後則是大跨距的木製三角桁架，像是一座歡欣鼓舞的教堂，在繁華街道的角落傳播娛樂至上的信仰。

第4章

金融行社・經濟發展的穩固形象

1 巨柱與厚牆的信用象徵

位於上層金融體系的銀行建築，大都延續十九世紀流行的新古典主義風格，以超過一層樓的巨柱式做為立面造型的元素，並支撐內部挑高大廳的結構，象徵財產受到穩重保護的堅固意象，直到日本時代晚期的臺灣銀行新廈，也是如此。

帝國生命保險株式會社臺北支店

位於臺北西門街的帝國生命保險株式會社臺北支店，是朝日生命保險的前身。古典建築語彙的運用純熟高明，高塔回應位於路口轉角的表情，轉角面的古典三角山牆與穿越兩層樓巨柱的搭配運用，與設計手法相似的橫濱正金銀行本店及臺中廳公共埤圳聯合會事務所堪相比較。名畫家石川欽一郎曾選此造型優美的建築為題材入畫。

一九三六年，帝國生命會社臺北支店因木料腐朽，被拆除改建為鋼筋混凝土的三層樓新廈，模仿芝加哥學派代表人物美國建築師蘇利文（Louis Henri Sullivan）其典型的鄉村銀行建築風格，於次年完工。戰後增建四樓，曾為中華民國外交部館舍，後轉由臺灣銀行使用，現為臺北市市定古蹟，一樓設臺灣銀行文物館。

大阪中立銀行、三十四銀行臺南支店

在日本時代，臺灣最早設立的銀行是大阪中立銀行，於一八九五年在基隆設出張所，臺北支店則設於府前街，在一八九九年被三十四銀行合併。大阪中立銀行高塔達四層樓高，成為街區的顯著地標。從拱廊、柱廊到山牆的古典元素構圖嚴謹正統，室內設有裝飾華麗的娛樂室，並融入「市區改正」後的街區紋理，是臺灣新古典主義建築的佳作。戰後由華南銀行接收使用，後來又拆除改建。

建於一九〇八年的三十四銀行臺

南支店為紅磚造覆日本棧瓦的典型地方小型行辦公廳舍。根據建築史學者村松貞次郎的考證，推測為日本第一代建築師辰野金吾與學生片岡安合夥的事務所在臺灣的唯一作品。可惜在戰後遭到拆除。

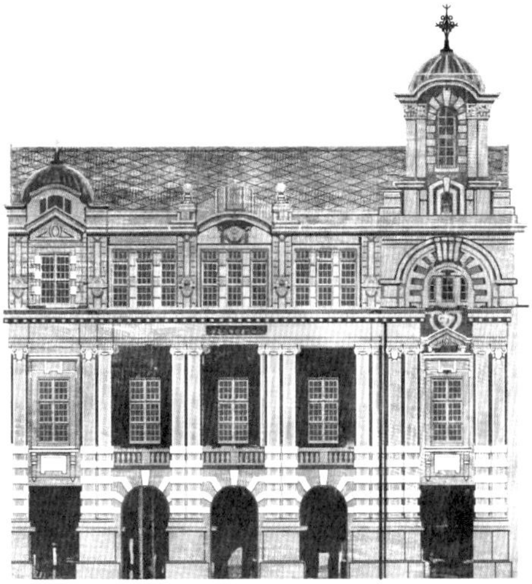

▼帝國生命保險株式會社臺北支店於一九三六年改建前的原貌。

◀臺灣新古典主義建築佳作的大阪中立銀行。

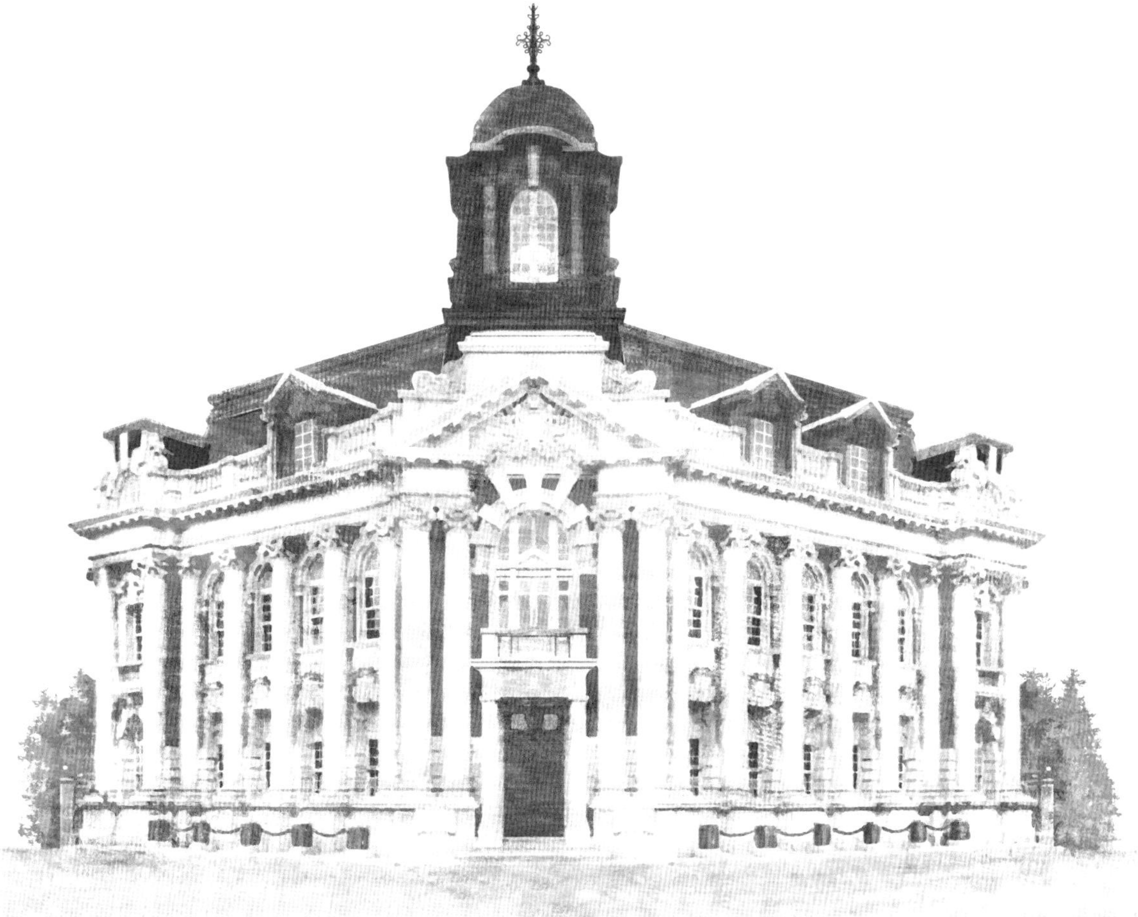

辰野金吾（1854-1919），佐賀唐津人。畢業於工部大學校造家學科，曾留學英國，任工部大學校教授、造家學會創會成員、帝國大學工科大學院長、國會議事堂競圖審查員。曾參與工手學校之創立，成立辰野葛西事務所、辰野片岡事務所，重要作品為東京火車站與大阪公會堂。

2 殖產方略的官方表情

受政策主導的甘蔗製糖產業，是日本時代早期臺灣產業發展的命脈。成立於一九〇〇年的臺灣製糖株式會社，在高雄橋頭設置臺灣製糖第一座新式糖廠，一舉革新了荷蘭東印度公司開啟臺灣製糖業以來，所

三十四銀行臺南支店是日本建築師辰野金吾在臺灣的唯一作品。

逐漸發展的傳統糖廍生產方式。

一九〇一年，農學博士新渡戶稻造在考察世界糖業後提出《糖業改良意見書》，臺灣總督府依據此意見於隔年頒布「糖業獎勵規則」，以資金補助、確保原料、市場保護三個面向與措施發展糖業，一方面終結歐美洋行在臺灣的糖業市場，另一方面鼓勵民間會社成立新式糖廠。在獲得日俄戰爭賠償、與清朝簽訂《滿洲善後條約》後而得中國東北工業原料的供應，以及縱貫鐵路完工等外在條件的配合下，終於奠定了糖業在臺灣殖民產業版圖中的地位，從此全臺逐漸遍佈高聳糖廠煙囪及五分車軌道所組成的鮮明地景。

新渡戶稻造（1862-1933），岩手盛岡人，畢業於札幌農學校、美國約翰霍普金斯大學，德國哈雷維滕貝大學農業經濟博士。曾任臺灣總督府殖產局長，著有《糖業改良意見書》、《武士道》。歷任國際聯盟副事務長、第一高等學校校長、拓殖大學名譽教授、貴族院議員，創立東京女子大學。

總督府殖產局檢糖所

為了推動糖業政策，總督府陸續在全臺各地成立臨時臺灣糖務局、甘蔗試作場、蔗苗養成所和苗圃等管理與研發單位。一九一二年，總督府先在打狗旗後街英國長老教會的房舍設立臨時殖產局檢糖所，同年在鹽埕埔山下町三丁目（今高雄壽山東南側山腳）建正式廳舍，翌年完工，設有瓦斯發生室、石炭庫等檢驗所需的先進附屬建物，檢驗

檢糖所廳舍的磚造建築有中央機構的開闊格局，三座三角山牆與中央塔樓的造型，與東京近衛師團司令部廳舍（今東京國立近代美術館工藝館）相似，打狗尋常高等小學校於 1913 年新建校舍的設計即受其影響。檢糖所正面設一樓拱圈、二樓列柱的陽臺走廊，以四支塔斯干式的箍柱支撐圓弧破山牆，強調出入口，即為典型矯飾主義的手法，在山勢襯托下更顯氣派。

分析各種原料、肥料及成品糖度是否符合品質。

檢糖所原來隸屬於臨時糖務局，後來改隸屬殖產局，一九二一年，總督府中央研究所成立，再改為農業部糖業科，直接隸屬中央。一九三二年因臺灣糖業快速發展，又獨立為總督府糖業試驗所，可見此單位對於殖產經濟的重要。該單位從主管到許多職員，包括前任糖務局長的新渡戶稻造，皆出身於札幌農學校（以引進甘蔗新品種及研發栽培技術、病蟲害防治法和蔗糖製造方法聞名，即今日的北海道大學），從極寒到極暖，是帝國殖民擴張為農業人才帶來發展技術的寶貴經驗。

檢糖所在一九一九年合併於總督府中央研究所農業部，後轉由臺南地方法院高雄支部（後升格為高雄地方法院）及供託局使用。戰後由

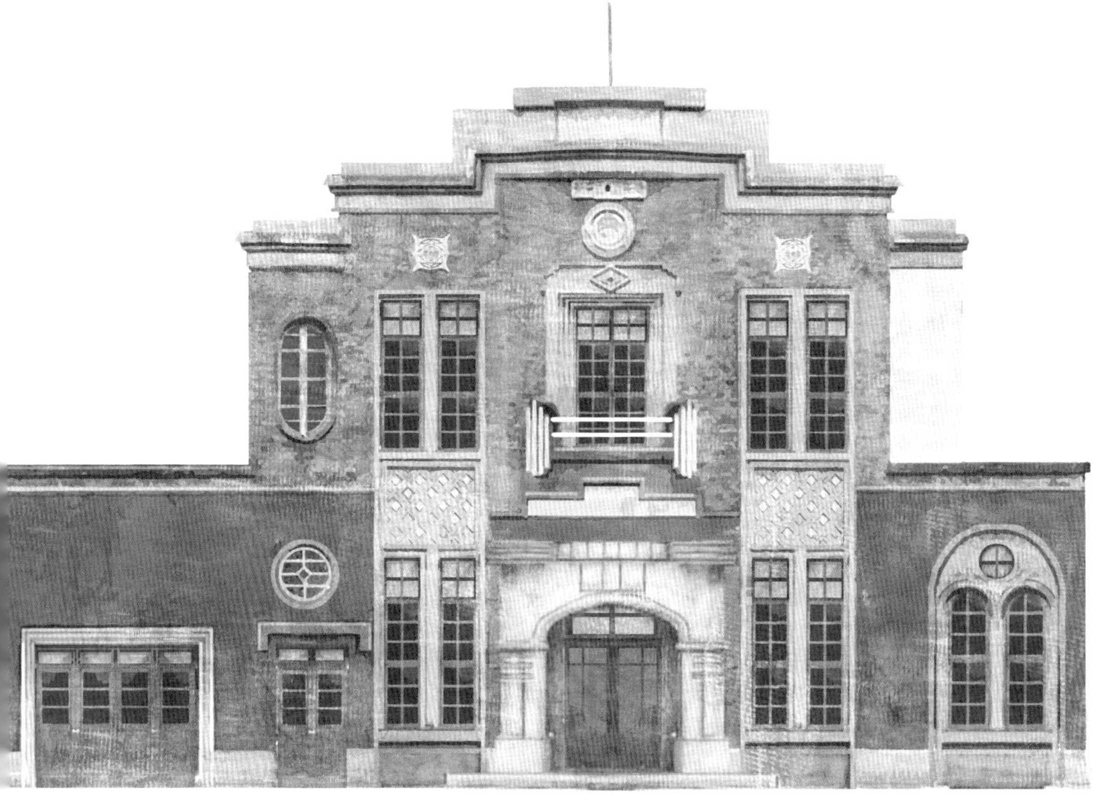

三角湧農會署辦事處

法務部矯正署高雄第二監獄高雄看守所接收，一九九〇年代拆除後新建高層宿舍建築。

三角湧農會署辦事處、北港信用組合

為了農產管理，臺灣總督府於一九〇八年頒布《臺灣農會規則》、《臺灣農會規則施行細則》，後來在一九〇九年將農會改組為法人團體，規定農民須強制入會並定期定額繳納會費。一九二〇年實施全臺行政區域重劃，臺灣共有五個州農會和三個廳農會，會長由州、廳首長兼任，郡、市設支會，街、庄設地方委員，將全臺農產業納入法制化，由民間派代表自行管理。

在一九三〇年代後期，因進入戰時體制，總督府對臺灣的經濟重心轉為工業化，農業管理也有所調整。一九三七年頒布《臺灣農會令》，建立臺灣農會和州廳農會的二級農會組織制度，會務的營運由政府官員及其認可的民間代表負責，但由官方主導。為強化農會的官方色彩，各行政區開始新建農會建築，象徵政府強化主導農產管銷。

建於一九三七年的三角湧農會署辦事處，位於三峽公館後方，最初是三角湧信用組合廳舍，戰後由三峽鎮農會接收，二〇〇六年在文化局研議指定保存過程中，遭農會迅速拆除，反映出當代社會將空間量

北港信用組合建於 1914 年，幾何線條的造型充滿裝飾藝術風格特徵。

體轉化為資本的推力，遠大於文化保存需求的處境。

成立於一九一四年的「有限責任北港信用組合」，新建農會仍模仿舊樓立面造型為裝飾，後來在一九四四年改組更名為北港街農業會，位於北港信仰中心朝天宮附近，改建後現為雲林縣北港鎮農會。

3 與政府緊密合作的三井財閥

民間財閥三井物產株式會社，在日本時代是臺灣總督府殖產經濟的重要推手。其悠久歷史可上溯至日本古代貴族藤原家，近代的會社體系則建立於江戶時代。中央集權的明治政府與各大財閥的關係緊密，透過以供養軍隊、投資公共建設、政治獻金等方式，換取專賣許可等互惠關係。政府倚賴財閥支援經濟，財閥也取得壯大自身的輔助條件，這種官商共生關係，也沿用於總督府治理臺灣時期。

三井在臺灣經辦包括砂糖、稻米、小麥、大豆、紡織、石油、木材、玻璃、金屬、茶葉、樟腦、煤炭、肥料等重要民生物資，並成立臺灣製糖株式會社、基隆炭礦株式會社等公司，發展壟斷事業。在明治時代，三井與總督府共同排除臺灣開埠後洋商在臺的經濟利益；到了昭和時代，更積極資助戰爭。三井配合國家政策，換取操作物資生產量與市場價格的力量及國會席次，是日本時代對臺灣經濟及民生影響最鉅的財閥，更與臺灣土地歷史脈絡緊密相扣。

以三峽鎮大豹社為例，該地原為泰雅族祖居地，在日本時代，由於力行殖產經濟的方針，在此開發樟腦事業，軍警於是討伐泰雅族，族人遷出後由三井會社進駐開採。因此，三井在臺灣的經營史，可視為殖民政府官商合作支配資源的縮影。

三井物產株式會社臺北支店

三井在臺灣的據點，起始於洋行林立的大稻埕港邊街。為了與歐美商行爭雄，臺灣總督府拆除清代臺北府城城牆，以都市計畫連接三市街，將發展重心由清代洋務運動時的建昌街和千秋街，移往臺北城內。於是，三井依循此趨勢，在一九一〇年代初期，將會社與倉庫遷至北門外縱貫線鐵路南側與拆除城牆後形成的三線路間，其中倉庫在一座連排店屋中的兩層樓磚木構造行辦，一九二二年又遷往表町（今館前路襄陽路口）野村一郎所設計的新廈（簡稱三井會社）。

三井位於館前路的臺北支店新

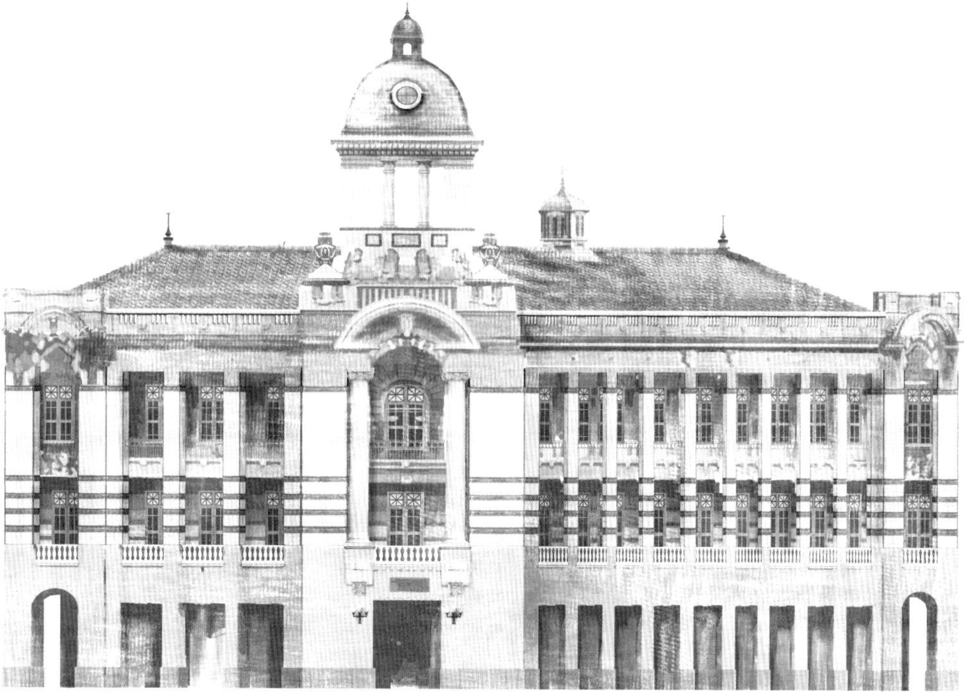

三井物產株式會社臺北支店建築外觀主要為歷史主義風格，大廳設有電梯，這是當時最先進的會社建築。轉角塔樓與對面的博物館穹頂兩相對望，曾多次被畫家倪蔣懷繪入畫中，是日本時代具代表性的城市景觀。設計者為野村一郎，曾任臺灣總督府土木局營繕課課長，在臺灣最著名的代表作為三井舊廈對面的故兒玉總督暨後藤民政長官紀念館（今國立臺灣博物館），臺灣總督官邸（今臺北賓館）、臺北車站也是他的著名作品，並且主導臺北市區改正業務。

廈設計者野村一郎是山口縣人，一八九五年畢業於東京大學造家學科，建築史學者關野貞為同期同學。一九二二年時，野村一郎在東京開設事務所，離開臺灣已十年。三井是民間財閥，雖有優秀建築師平野勇造等人領導的營繕部門，但對於殖產經濟的重要建築，仍尋求臺灣專家野村一郎的協助。

三井臺北支店展現日本四大財閥（三井、住友、三菱、安田）之一，在第一次世界大戰後戰爭景氣增強的經濟實力，不但座落在能見度高的表町通，甚至就在有「殖民功績紀念碑」之稱的博物館對面。建築延續一九一一年臺北市區改正後都市街道空間紋理，及以歷史主義為主的外觀風格，除了透過巨大塔樓加強會社的性格以外，也延續街區騎樓遮風避雨的功能，臨街的東側與南側設有陽臺，並以紅磚帶飾穿插在仿石砌的白色立柱上增添繁複的視覺效果。設有主入口的轉角立面以帕拉底歐拱（Palladio motif）為主題，簷牆上蹲踞四尊望向路口的鳥形雕塑，看顧著三井在臺灣的雄圖霸業。

三井店屋的內部構造是先進的鋼筋混凝土，屋頂桁架使用九州八幡製鐵所的產品，到現在還看得到桁架上留有其印記，足見其雄厚的官商脈絡資本與企業實力。轉角塔樓與博物館穹頂兩相對望的氣勢，在日本時代拍攝臺北城內的各種影像中常可見到，是日本時代具代表性的城市景觀。

二戰期間三井會社未受轟炸波及，戰後因空間使用需求及便於整修維護而拆除塔樓，並取消陽臺將外牆外推，立面也改建為簡潔的裝飾藝術風格，即為今日的面貌。後由中華民國國軍退除役官兵輔導委員會進駐，二〇〇〇年，臺北市政府公告指定為市定古蹟以現況保存。我們仍可從東側未拆除的小塔，以及東向立面中軸開間柱距略寬等古典建築，遙想其全盛時期的風華。

文化資產很難與歷史切割。近年日本想要申報長崎端島為世界遺產，卻無法迴避三菱財閥強徵朝鮮民工的史實。我們可以從三井談紅茶文化與社交儀式的建構，也可討論樟腦產業對殖民治理的影響，但這些歷史故事卻很少被論述，實在可惜。

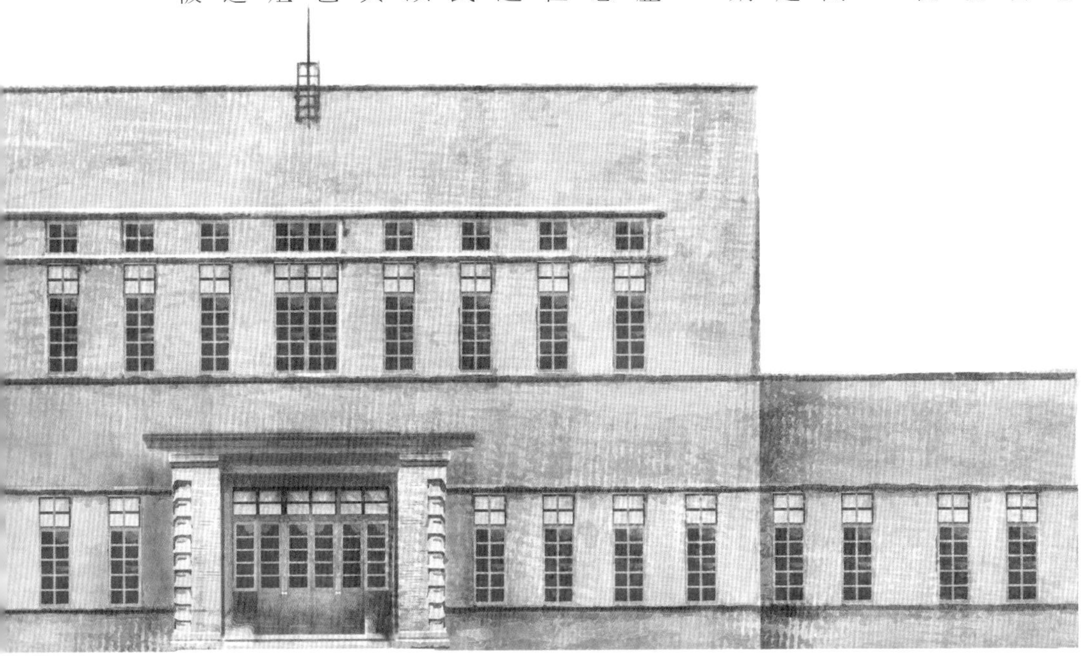

4 稅收制度的具體形象

日本時代，由於各種農產業及專賣事業蓬勃發展，臺灣財政得以獨立，稅收也因此成為施政的重要項目。當時臺灣總督府興建了宜蘭、桃園、南投、嘉義、屏東及澎湖等六處稅務出張所，負責農會、林業、糖業、青果會社、水利組合和專賣事業的稅收，還有地租、樟腦稅、砂糖稅、茶稅、登記租稅、關稅、官稅、備荒貯蓄、公田的經濟支配等，業務繁多，稅務出張所廳舍都頗具規模，如今六處稅務出張所僅南投一處留存下來。

嘉義稅務出張所

嘉義稅務出張所負責嘉南平原和豐富林產的稅收，昔日位於「官廳街」大通（今中山路）上，郡役所正對面與警察署旁，原址為房屋稅務所，這裡還有一八九五年日軍進城時，北白川宮能久親王飲用過的古井，後來在此立碑紀念。

建於一九三三年的嘉義稅務出張所，擁有五百多坪廳舍規模，業務轄區包括嘉義市、新營、東石、北港、虎尾、斗六等郡，共四十餘街庄役場的稅務。戰後，稅務出張所曾短暫做為石藝博物館，後為縣議會使用，在議會遷出後閒置。

一九九八年，嘉義市政府提案整建恢復博物館的功能，但市議會議員卻認為修復

1933 年，嘉義稅務出張所落成，由總督府官房營繕課設計、清水組承攬營造，這是一件具有現代主義特色的不對稱簡潔量體、加上裝飾藝術風格細部的折衷主義作品。

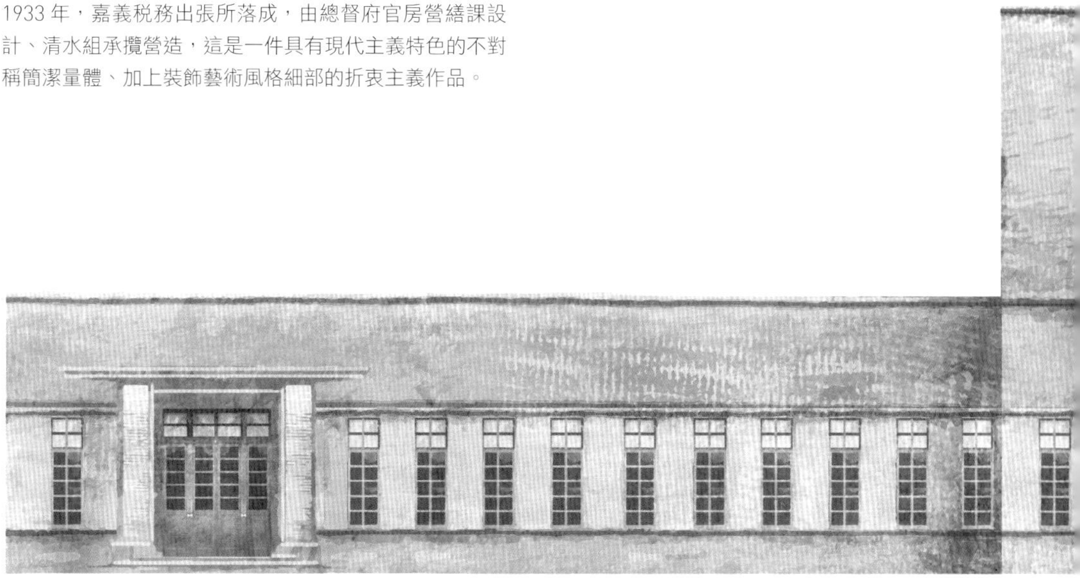

預算過高，寧可將經費用於新建市政大樓，二〇〇〇年市府拍版定案拆除，地方文史團體及專家學者奔走搶救多時，二〇〇二年仍於陳麗貞擔任市長時改建為新市政中心南棟。精緻的裝飾藝術風格玄關門柱，被拆卸後於二〇一二年搬移至專賣局嘉義支局廳舍後方陳列，親王的御遺跡紀念碑也流落民間。

桃園稅務出張所、高雄稅關

與嘉義稅務出張所一樣屬於裝飾藝術風格的桃園稅務出張所，在日本時代位於今桃園市車站前官廳街，原郡役所與街役場之間的重要位置，弧形線條的量體具有象徵時代精神的動態感，陽臺欄杆又帶有日本傳統趣味。戰後曾增建三樓，由教育局使用，到一九八〇年代，因都市計畫變更為商業區而拆除。

類似桃園稅務出張所這種以抽

由總督官房營繕課設計的高雄稅關，建築外觀採用馬賽克磁磚，紅磚與白石交錯排列，這是辰野式歷史主義的水平流線風格。

象表現手法，運用水平帶狀線條表現的水平流線風格（Streamline Moderne），在今天還可看到鈐置良一所設計的基隆海港大樓、臺灣總督府電話交換局、嘉義郵便局等建築作品，而高雄稅關為其中翹楚。

而落成於一九三六年的高雄稅關，在建築風格上屬於裝飾藝術與現代主義之間的水平流線風格，但具以紅白相間磁磚交錯排列，則是模仿自歷史主義的磚石混構意象。高雄稅關的營造商池田組，承攬過草山御賓館、新臺北車站、新嘉義及臺南車站、彰化警察署、臺北帝國大學文政學部、臺北第二師範學校本館等著名的公共建築。如果空間格局能夠反映一位建築師的氣度，那麼從建築的細節便可窺探營造廠的品味。

日本時代的營造包商不乏賞玩古董的文人雅士，如「大倉組」的取締役藤江醇三郎、「今道組」的今道定治郎、「田村組」的田村作太郎及「池田組」的池田好治，他們都是原住民小巧精緻的工藝品「琉璃珠」的愛好者與收藏家，其中池田好治還對青花瓷情有獨鍾。當家者的品味程度，或許也反映在他們所蓋出來的建築上。高雄稅關的細部透露出古玩藝品的品味，除了外牆磁磚的精巧排列，稅官長室和會議室的壁紙和家具更是美不盛收。

戰後，高雄稅關由臺南關稅務司公署接

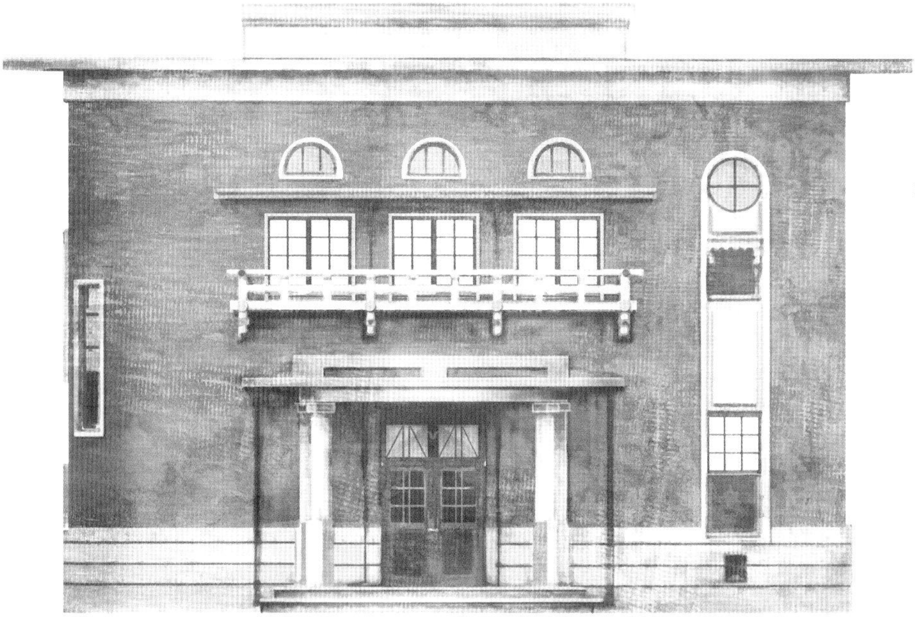

桃園稅務出張所為裝飾藝術的建築風格，弧形線條的量體具動態感，陽臺欄杆有日本傳統的趣味。

收，改為臺南關，一九六九年更名為財政部高雄關，將原有兩樓的西半部，拆除頂樓的木造棚架增建為三樓，並修改東半部三樓圓拱窗，敲除原先紅白相間的馬賽克磁磚，更換為棕色二丁掛面磚。一九九一年改為財政部高雄稅局，又於原本高雄州青果同業組合的位置興建緊貼稅關的六樓新廈，二〇一〇年時再敲除棕色外牆，換成現在的粉紅色磁磚。

二〇一三年，使用單位合併改制為財政部關務署高雄關。原本精美細緻的建築經過多年幾次的改建，如今已面目全非，僅能從東南側的凸出瞭望塔和帶有泥塑雕飾的旗桿座辨識原貌。然而，高雄稅關以紅白相間磁磚交錯排列的美感、卻又模仿自歷史主義的磚石混構意象，是非常具有時代象徵意義的經典建築。如今構造仍然存在，未來若要恢復，技術絕非障礙，期待有朝一日重見高雄稅關的風貌。

5 航運時代的地標

航運在國際金融市場中佔有重要地位。臺灣在日本時代對外的主要交通為航運，當時分為官方指定的「命令航路」和民間經營的「自由航路」。金融市場瞬息萬變，建築形式可反映出經濟發展的軌跡。

大阪商船株式會社基隆支店

一八九六年，總督府委派大阪商船株式會社開設臺灣沿岸的命令航線，由神戶出發、經鹿兒島及沖繩或門司到達基隆，此為命令航路之始。一九〇七年，大阪商船聘請森山松之助，在基隆港邊為支店設計華美社廈。

大阪商船基隆支店是該公司在臺灣初期的總店，座落於火車站前廣場與港口前緣，這裡佔據了航運轉陸運的優越位置。森山松之助在這件臺灣的最初建築作品中，展現出不凡的設計功力。L型的平面配置，將主入口設置於轉角為常見做法，而在入口設置帶有圓頂的塔樓，並以紅磚搭配白色仿石帶飾，則承襲自他的老師辰野金吾。辰野金吾擅長用於商業建築的手法，日本建築史界稱為「辰野風格」。他曾來臺擔任臺灣總督府競圖評審，在抵達基隆港時，想必對學生的表現頗感滿意。而森山日往後在臺灣的作品，只有在臺南郵局能看到這麼精彩的辰野風格。

可惜因戰爭末期盟軍密集轟炸基隆，大阪商船基隆支店的屋頂和樓板全毀，從美軍的照片記錄中可見僅牆面留存，後來遭到拆除。

現今在日本九州門司港邊，可看到一九一七年由森山松之助的學長河合幾次所設計的北九州市大阪商船的建築，也是以醒目的八角塔樓望向港口，展現當年大阪商船如何塑造其企業形象。

港口城市因川流不息的貿易，往往由新文化衝擊而帶動城市風格的改變。就像融合紅磚與白石兩種不同文化脈絡的辰野風格，此風格的運用雖與港口城市的產生沒有必然關連，但其建築風格卻很巧合的在日本和臺灣兩大港都成為醒目的城市地標，建築中的紅白相間帶飾，在靠近港邊的船上就能輕易望見。

航運時代日本關東國際門戶橫濱境內的各級行政廳舍，即以各種手法運用辰野風格來反映港都的繁盛，如神奈川縣廳舍、橫濱市役所、橫濱市公會堂（開港紀念會館）、橫濱警察部、西谷淨水場濾過池

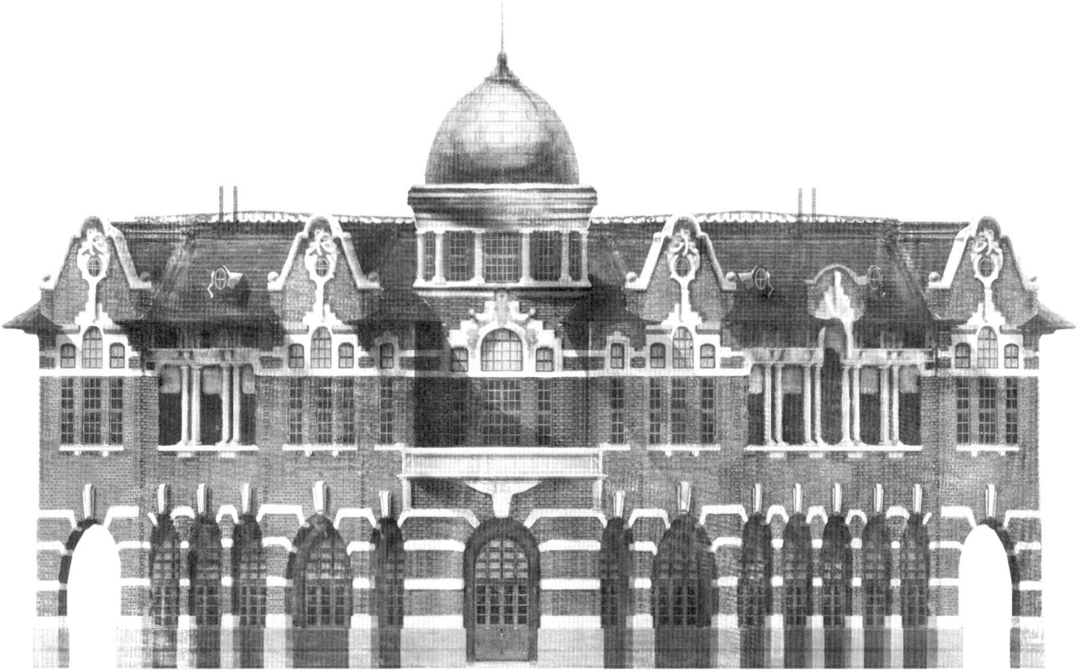

大阪商船株式會社基隆支店座落在基隆港邊，是森山松之助在臺灣的早期作品。L 型平面在入口設置帶有圓頂的塔樓，飾以「辰野風格」的紅磚搭配白色仿石帶飾，立面造型效果豐富。除了塔樓和帶飾，此建築外觀最具特色之處，是以造型優美並裝飾牛眼窗的四面山牆，增添量體的變化動感，頗似中世紀中歐政商集團漢薩同盟城鎮的店屋建築。兩層樓皆設有騎樓與陽臺，並以一層大小相間的拱圈、二層列柱構成穩固的構圖，還有階梯狀的仿砌石圖案及帕拉底歐式窗等元素，塔樓則以十根短柱撐起，覆蓋銅皮的塔頂在陽光下閃耀著金屬色澤，立面造型效果十分豐富。

等，即為辰野風格運用極為密集的城市。北臺灣門戶基隆也是如此，大阪商船株式會社基隆支店、基隆稅務出張所、第二棧橋四號上屋事務所、基隆郵局、基隆車站等建築，幾乎由辰野式的風格佔據港口第一排。而基隆顏家「環鏡樓」也在此脈絡中，透過建築風格塑造城市性格的效果顯著。

日本郵船株式會社基隆出張所

一八九七年，總督府委派日本郵船株式會社加入命令航路的營運。日本郵船是三菱財閥的源流企業，一八七五年三菱創立者岩崎彌太郎主導合併國有企業日本國郵便蒸氣船會社，成立郵便汽船三菱會社，一八八五年再合併共同運輸會社，成立日本郵船。一九二三年日本郵船在東京丸之內落成高七層的新社廈，由著名的曾彌中條建築事務所

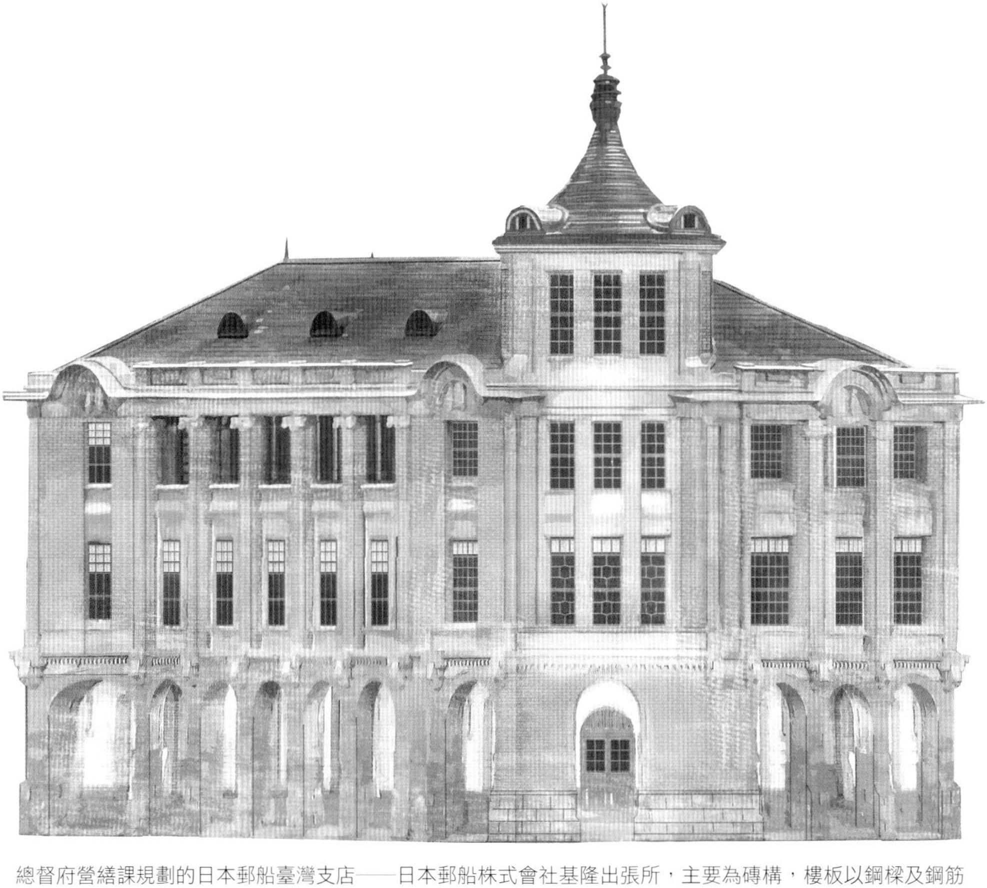

總督府營繕課規劃的日本郵船臺灣支店——日本郵船株式會社基隆出張所，主要為磚構，樓板以鋼樑及鋼筋混凝土加強構造強度，一樓設騎樓，並以十一個連續拱圈構成典雅的仿石砌磚拱廊，歐洲風情濃厚。穿越二、三樓的巨柱式壁柱，是同時期銀行常用的表現元素。

設計，外牆採灰白色仿石砌外觀的新古典主義，其於神戶、橫濱的支店也採用相似風格，這是該公司透過建築塑造企業形象的慣用風格。

設於基隆的日本郵船基隆出張所，比東京本店新廈落成更早（一九一五年完工啟用），在總督府營繕課的規劃下，亦循此脈絡採用厚實的新古典主義，與比鄰的大阪商船，共同打造出臺灣門面的樣貌，並在港口旁設計社廈的特色——如燈塔般召喚船隻入港的塔樓。該建築主要為磚構，樓板以鋼樑及鋼筋混凝土加強構造強度，一樓設騎樓並以十一個連續拱圈構成典雅的仿石砌磚拱廊，歐洲風情濃厚。由於座落在面對火車站的廣場轉角，設計醒目的圓弧塔樓與車站的鐘塔對望，在畫家倪蔣懷的畫筆下，與大阪商船的圓塔三座塔樓並立，非常美麗。穿越二、三樓的巨柱式壁柱則是同時期銀行常用的表現元素，為延續當時商辦建築的流行建築語彙。

戰爭末期基隆遭到大規模轟炸，大阪商船基隆出張所幾近全毀，日本郵船社廈（當時已由一九二三年脫離日本郵船國內航線獨立的近海郵輪所使用）塔樓的塔尖亦遭炸毀，戰後由招商局接收，後轉交陽明海運。一九四九年，其屋頂因火災燒燬，修復時改建為平屋頂，並拆除塔樓的塔身，至今仍未復原。

大阪商船株式會社臺北支店

最早奉命開設命令航線的大阪商船，是以大阪為根據地的住友財閥（創業年代可上溯至十六世紀）旗下的企業，在一八八四年因應航運時代而成立，除了總督府的命令航路，也經營自由航線，重點業務為運送臺灣外銷的香蕉，電影《海角七號》中引揚日人的遣返船——由三菱重工業長崎造船所建造的「高砂丸」，即該公司客貨船。大阪商船支店社廈後來從基隆遷至原為出張所的臺北辦公室（位於臺北車站前廣場西側），一九三七年因站前廣場調整，而委託建築師渡邊節設計，於北三線道南側的表町新建鋼

渡邊節（1884-1967），東京人。東京大學建築學科畢業後曾任職於鐵道院，設計第二代京都車站、梅小路機關車庫。後開設事務所，主要作品有大阪商船神戶支店、日本興業銀行本店、日本勸業銀行本店、神戶證券交易所、棉業會館。過世後獲追贈日本建築士會名譽會長。

筋混凝土造的三層樓辦公室，轉角屋頂則設有富東方趣味的塔樓，為少數民間企業見證戰爭時期興亞主義思潮之作。

戰後，大阪商船臺北支店社廈戰後由省營臺航公司接收，但因空運及公路時代來臨，船運業經營不佳，而轉賣給省公路局使用。臺灣許多重要的交通建設規劃，如臺一線拓寬、三條橫貫公路等，皆在此樓內擘劃。一九六八年由吳民康建築師設計增建，拆除東鄰的磚造日清生命株式會社臺北支社，在東側興建九層樓的鋼筋混凝土新大樓，並將原日本式塔樓拆除增建四樓。爾後再於兩棟建築外牆一併貼上土黃色的二丁掛面磚。

時至今日，已非當時面貌的大阪商船臺北支店，是臺北忠孝西路上除了臺北郵局和三井倉庫以外僅存的日本時代建築。二〇一三年交通部公路總局遷至萬華東園街新廈後原預計拆除，後來由臺北市指定為市定古蹟，目前正由文化部負責整修，預定完工後由國立臺灣博物館規畫為國家攝影文化中心。

大阪商船株式會社臺北支店，是日本建築史上重要建築師渡邊節在臺灣的唯一作品。東京大學建築學科畢業後，渡邊節曾任職鐵道院，設計第二代京都車站，後至歐美考察辦公室建築，返日後設計眾多銀行及辦公大樓，精雕細琢的棉業會館為其登峰之作。

第5章

商店百貨：資本流動的消費戰場

1 繽紛多變的商辦會社

與高聳壯麗的金融建築相較，非一般辦公場所的農業組合、信用組合和會社等，呈現出百花齊放的面貌。在日本時代大正年間，西洋歷史主義的建築風格盛行，這些商辦會社大都採用商業建築經常使用的堅固紅磚構造，然後依據各區域的特色來布局。在臺中後車站繁榮的商業街道上，臺中文青果組合會社的店屋採用市區改正後常見的繁複立面（牌樓厝），立面上泥塑裝飾的內容也與店主的行業緊密相連。

花蓮賀田組、高雄州青果同業組合

在清代嘉慶年間，漢人開始到花蓮屯墾。到了日本時代，總督府財政局長祝辰巳主張引進日資開發移民村，於是邀請實業家賀田金三郎到花蓮創立「賀田組」，並招募日本移民，在花蓮平原設置賀田村，

花蓮賀田組，與臺北高石組本社（今撫臺街洋樓）一樣使用馬薩式屋頂和石砌壁體，賀田組更使用了木造雨淋板構造，以致其辦公室的量體有些頭重腳輕的感覺。而其每面帶有牛眼窗的銅板屋瓦，則是花蓮舊市區最具代表性的西洋式建築。

積極開發東部製糖、製鹽、樟腦、菸草、採礦、畜牧、運輸等殖民事業，後來由臺東拓殖合資會社接管。

早在一八九五年，賀田金三郎就到臺灣擔任大倉組臺灣支社總負責人，而創立於一八九九年的賀田組，可說是東部開發的重要風景。在眾多低矮瓦屋的街景中，賀田組的辦公室高聳的天際線，顯得鶴立雞群。賀田組所經營的花蓮糖廠雖已關廠，但在今天仍是花蓮的著名地標。現在的臺鐵志學站原名為賀田站，就是為了紀念賀田組而命名。

賀田組在花蓮市區的辦公室，位於花蓮車站正前方，馬薩式屋頂的厚重造形，吸引步出車站的旅人目光。一九二二年，賀田組將此樓轉賣給代理大阪商船和保險業者朝日組，戰後成為《更生日報》營業所。一九五一年因地震倒塌而拆除，原址改建樓房，歷經民航空運、中華航空、七海報關行、安隆運輸、朱貝園咖啡廳等，現為阿之寶瘋茶館。

日本時代南臺灣水果的出口貿易商會——高雄州青果同業組合，位於高雄港邊新濱町高雄稅關旁，與西側的大阪商船高雄支店新址（現今臺灣航業高雄分公司）相鄰。建築物為磚造屋身，搭配外露木骨

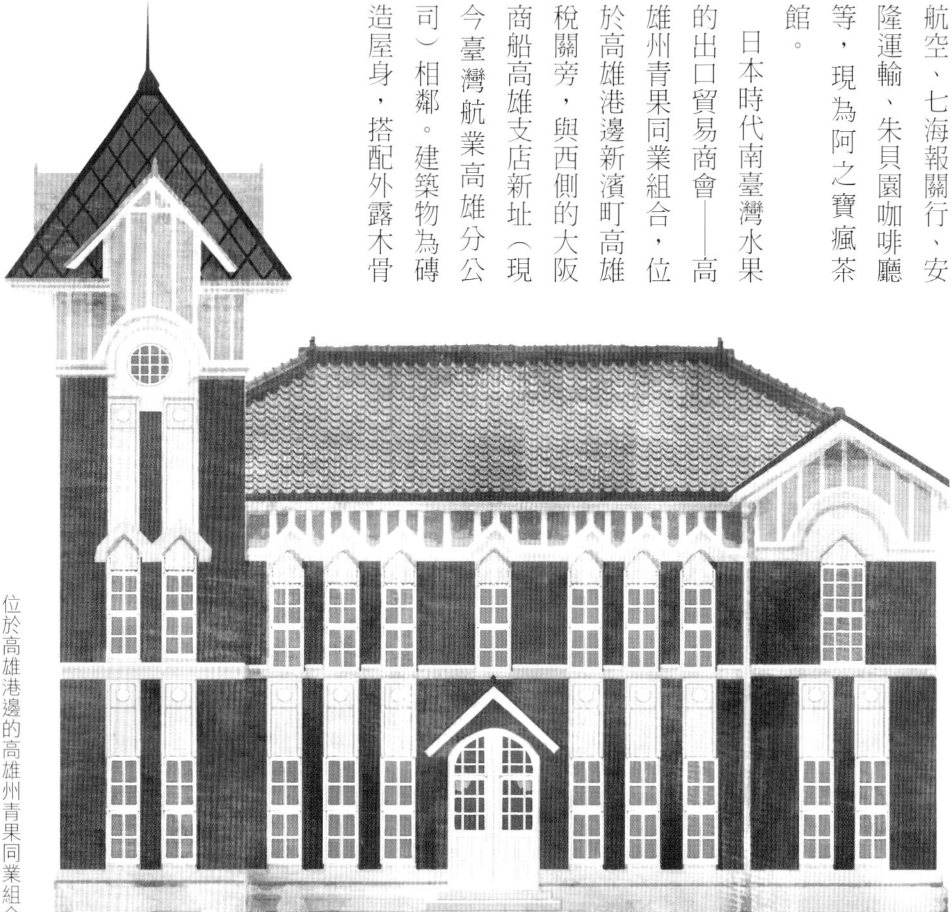

位於高雄港邊的高雄州青果同業組合

壁面的都鐸式風格，還設計了高聳入雲的塔樓。塔樓的急斜尖頂帶有北歐趣味，是港口醒目的地標，可將港口盡收眼底，可惜戰後拆除為稅關擴建用地。

嘉義衛生公館

一九〇六年，嘉義發生梅山地震，造成嘉義城牆倒塌，災後為了防災疏散，在城牆原址開闢了多處圓環空地，其中西門東北側的六叉路口，就是現在的七彩中央噴水池。一九〇九年，圓環旁建了嘉義衛生公館，與花蓮賀田組同樣精美的木造洋館，但這棟建築之所以在歷史留名，並不是因為當初做為公共建築的嘉義衛生公館，而是後來在一九一九年創立的高砂麥酒株式會社。

高砂麥酒株式會社的臺北總公司（今址為建國啤酒廠）購得嘉義衛生公館做為分店，並在分店中開設啤酒主題餐館。這棟建築的八角穹頂上開了牛眼形老虎窗，圓頂造型非常醒目，讓企業形象果更為顯著，也是嘉義圓環顯著的地標。此建築曾出現在許多攝影作品中，畫家陳澄波也在畫作〈夏日街景〉裡將其入畫。

建於 1909 年的嘉義衛生公館建築，後來成為高砂麥酒株式會社嘉義分店。

2 臺北城內店屋的混血身世

日本人在臺灣的建築經驗，有許多是在殖民地的創新嘗試，並未在日本推行。除了因應氣候需求的陽臺與騎樓，日本將臺灣的長條形店屋「牌樓厝」法制化，可視為其中代表。

清代到日本時代的建築法規

臺灣在二十世紀初進行市區改正（包含新建店屋建築），臺北城誕生了一種臺灣獨有的建築形式。最早在臺灣有系統推廣「亭仔腳」（即為騎樓），是來自清代的官方政策，著名的例子是劉銘傳在大稻埕規劃的現代化街區。到了一八九九年，臺北縣知事村上義雄提案制定全臺適用的建築法規，次年總督府公佈實施「臺灣家屋建築規則」，規定在自家房屋地界線內必須留出公共通道。

一九〇三年公佈「街屋取締實施標準」，進一步對亭仔腳的鋪面、構造、材料、尺寸、看板招牌設置、遮陽、消防設施、落水管設置、修繕、清潔保養、使用維護、維持暢通和轉角做法等進行非常詳盡嚴格的規範，從此打下日本時代臺灣美觀市容的基礎，但也反映公權力強制介入私有地的情形，直到一九三六年公布「臺灣都市計畫令」，才將亭仔腳面積從私有產權上劃出。

村上義雄（1845-1919），九州熊本人，曾任東京府官員、參事院職官、高知縣、長野縣、廣島縣、內務省書記官；縣治局次長、新潟縣內務部長；德島縣、臺中縣、新竹縣兼臺北縣、石川縣知事、官幣大社生國魂神社宮司、八千代生命保險公司監查役。

日本時代延續清代及華南地區的臨街面亭仔腳空間，又因日本人的生活習慣而產生新的組合形式。這是一種將正統西洋建築語彙的立面，安裝在合乎臺灣氣候、設有亭仔腳的華南式店屋空間，建好後提供給日本商人承租，日人再於其後建造合乎生活習慣的日式木造住宅，這是因為臺灣特殊的歷史背景，而出現的建築風格與組合式的空間。

臺北城市區改正計畫

一九一一年接連來了四次颱風，讓臺北城內街道店鋪嚴重毀損，許多土壁構造因浸泡在水中而不堪使用。當時的臺北廳長井村大吉在營造業者「澤井組」頭取澤井市造和有「民間總督」稱號的茶商三好德三郎的建議下，趁機實行市區改正計畫，並得到總督府五年低利貸款，在城內打造示範店屋的展示區，由當時任營繕課課長的野村一郎主導規劃，以半年的時間快速完成設計。

井村大吉，日本三重人，東京帝國大學英法科畢業，1909-1914任臺北廳長，任內建北投溫泉公共浴場、創設北投公園，統一「淡水」與「滬尾」地名而使用「淡水」。後任基隆港務所所長。

協助官方進行這個大規模市街更新工程的臺灣土地建物株式會社（一九〇八年由《臺灣日日新報》主筆木下新三郎與板橋富商林熊徵創立），後來將經驗複製於嘉義、基隆和高雄的市區改正，甚至於關東大地震後在東京成立分公司「第一土地建物會社」，將在臺灣累積的資本與技術帶回日本。

根據當時擔任總督府鐵道部囑託的松崎萬長之回憶，臺北城市區改正計畫最初改造的府前街（後本町通，今重慶南路一段）、府後街（後表町通，今館前路）西門街與石坊街（後榮町通、今衡陽路）等路段，由總督府轄下各單位共八位建築技師分工設計（一九一一年任職總督府的囑託與技師有松崎萬長、野村一郎、池田賢太郎、森山松之助、中榮徹郎、近藤十郎、土生瑾作、井手薰等，分屬營繕課、陸軍、鐵道部等單位），外觀是以英國古典風格為主軸的磚造西洋歷史主義風格，立面的寬窄基本上是固定的，但也會根據與街道的關係彈性調整，並搭配符合東南亞氣候特色的騎樓。此種建築形態的立面風格鮮明，因而在臺灣俗稱「牌樓厝」。

街道翻新後路幅增寬，如府前街和府後街從十一公尺變為十八公尺、西門街從十一公尺變更為十五公尺，至今仍維持當時拓寬後的路幅。街道兩旁絕大多數建築增建為二至三層樓，創造出更多商業空間。這是官方由上而下的區域性集體規劃——「先創造空間再招商」，吸引內地日本人來臺發展，臺北城內的建築也從此展現出多元文化混合的風貌。該計畫於一九一四年大功告成，次年出版《臺北市區改築紀念寫真帖》。

西尾商店、表町林本源製糖株式會社臺北出張所

當時臺北城內以日本商人為主要經營者的商店街店屋，也可能更換店家，如重慶南路上的金石堂書店，在日本時代曾經是餐廳，也曾是臺灣規模最大的攝影器材專賣店西尾商店。店主西尾靜夫原為資生堂員工，因為當時商店種類少，除了化妝品，資生堂也兼賣藥品和攝影器材。西尾靜夫後來在資生堂附近的府中街轉角店面開設西尾商店，為後來城內眾多攝影社和照相器材店的先驅，其子西尾善積則成為畫家。臺北城町名重劃此店屋位於本町一丁目，目前尚未被拆除而是加以增建，使用者金石堂書店已成為記憶

本町一丁目店屋，原為店主西尾靜夫開設的西尾商店，臺北城町名重劃後更名，現為金石堂書店。

地標。此屋外牆後來被塗刷成灰白色，三樓圓弧形的山牆也不復存在，但一樓歐陸風格的騎樓拱廊則保存完好。

在臺北城內，規格尺度相近的標準店屋中，偶爾也會出現帶有高塔、圓頂或樓層較高的作品，展現建築的自我定位。在館前路府後街三丁日（重劃改為表町一丁目），由板橋林家出資興建的林本源製糖株式會社臺北出張所即為一例。

西尾靜夫，日本時代商人，出身資生堂，後獨立開設「西尾商店」，經營照相器材。

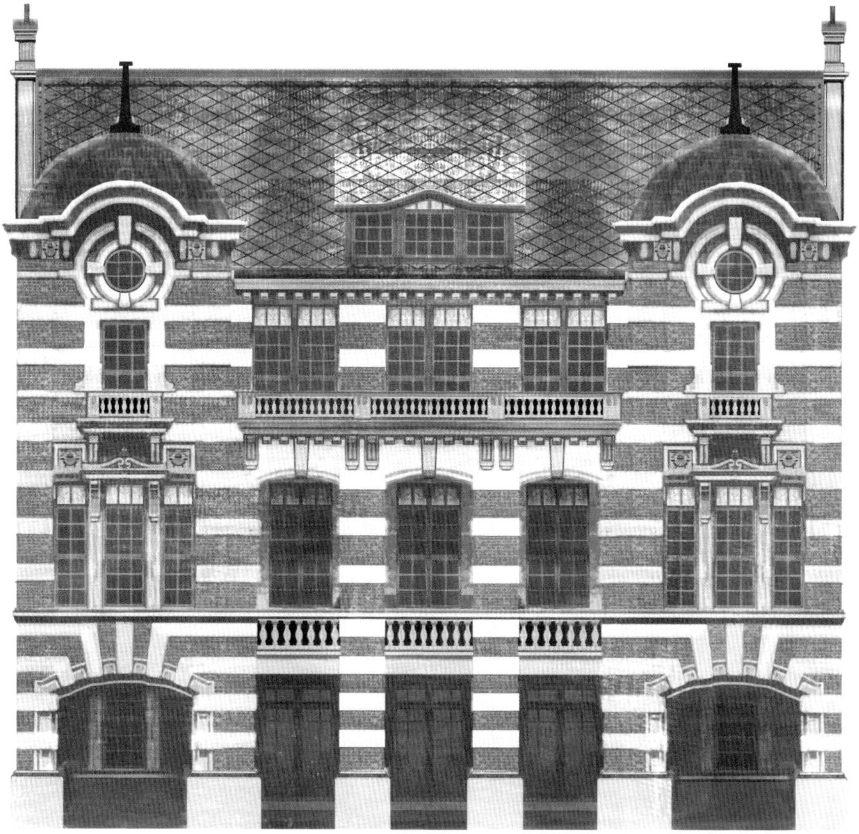

表町林本源製糖株式會社臺北出張所的建築，高度高於鄰屋（四層樓），衛塔上各有一個相當醒目的圓窗，磚石相間的紅白帶飾也較為粗壯，具有德國式的厚重感，中段內凹陽臺可供觀景，整體具有官方建築的氣派，與大街北端起頭的臺灣鐵道飯店相互輝映。

這種超規格建築反映了臺灣資本家響應市區改正政策，有搶先做示範的意味。其次，將特許設立的本土企業會社置於各種慶典和皇族來訪的奉迎行列必經道路旁，也有展示企業與官方關係，及將雄厚資本具體化的象徵意涵。林本源製糖株式會社在二林事件之後，由鹽水港製糖株式會社合併，也曾出租給柴田自動車商會，建築上的兩個圓窗也頗符合車輪的意象。此樓戰後由接收日產的「臺灣產業金庫」之臺灣省合作金庫拆除，改建為略帶裝飾藝術風格的現代建築，後再改建為現在的合庫總行大樓。

因為在當時採取統一的街區設計，臺北城因而能在全盤的規劃下，以各自不同的店屋表情構成和諧的街道立面，達到市街風貌的一體化。然而，有得必就有失。一九三五年，畫家石川欽一郎就曾在《臺灣時報》發表的〈臺灣風光的回想〉一文中慨歎：「一味強調現代化，造成臺灣傳統風貌特色消逝。」

店屋空間的傳播與擴散

隨著產業發展和商業繁盛，臺北城內這種西洋表情、東洋空間的店屋，因法令推廣及各地匠師的模仿，短短幾年間遍佈全臺鄉鎮，成為今日各地「老街」的基本面貌。而臺灣匠師學習及自我發展能力極強，雖有日本官方營繕部門帶領建築樣式和風格潮流，但在各地也都發展出獨具特色的面貌，如大溪老街南洋風味濃厚的繁複巴洛克山牆、旗

太平町二丁目店屋，充分展現臺灣業主的眼界和工匠的手藝。

山老街如瑞士伯恩的石砌拱廊等。

太平町二丁目店屋、張東隆商行

在臺北本島人聚居、各國商賈雲集的大稻埕，如拆除後於一九九二年落成新廈的太平町二丁目店屋這樣的建築，裝飾繁複程度堪與比利時布魯塞爾大廣場、北方文藝復興後的法蘭德斯地方風格的作品相比，由此可見從前臺灣業主的眼界和工匠的手藝，或許不能純粹從殖民宗主國單方面輸入現代化資訊的角度來解讀，大航海時代遺緒的全球化商貿網絡，可能也是重要的參考角度。

同樣位在太平町二丁目，樓高四層、面對大街的張東隆商行，也是著名的地標。張家從淡水發跡，在基隆和新竹都設有支店，

張東隆商行立面寬廣，在太平町通（今延平北路）上佔三個店面，構成四柱三開間的格局。樓板高出鄰房，騎樓廊柱特別粗壯厚實，由福州進口石材砌成的柱礎與人身接近等高，砌工與線角相當精美，展現本島人富商的豪氣。外牆裝飾簡潔，以白色面磚與洗石子構成，一樓簷帶上有商號中文名，二樓簷帶上則寫著商行日文發音的英文字母「CHOTORYUSHOKO」。四樓窗戶以突出的陽臺與九連圓拱製造趣味，中開間上有半圓形大山牆，為整個立面創造視覺重點，屋頂陽臺女兒牆的鑄鐵雕花欄杆亦精緻華麗。

遷往大稻埕後於一九三〇年建造此宅，一九三六年變更組織為張東隆殖產株式會社。張東隆商行由張東紅、張東華、張東青、張東榮四兄弟創建，以經營石油為主，項目包括各種油類，也代理美國通用和龐帝克汽車，為見證時代脈動的家族企業。

戰後張東隆商行北側兩開間售予第一化工，頂樓陽臺和半圓山牆先遭拆除，然後南側一開間與鄰房被劃入都市更新範圍，二〇一四年拆除。如今只能從僅存的北側二開間，還可見到如廊柱牛腿、柱礎等若干細節，讓我們可以遙想當年大稻埕的繁華街景。

戰後店屋秩序崩解

店屋空間的法制化後對市民生活影響極大，無論颱風下雨或艷陽天，行人都得以在此順利穿梭。戰後，

日人離開後的空屋由國民政府接收或易主，城內成為中國大陸和臺灣各地異鄉人來臺北打拼的第一站，人口暴增。民間商家為了擴充儲貨、辦公和居住功能而將店屋改建高樓，造成「先有空間需求再增改建」的現象，缺乏由政府統一規範的建築風貌。

新高旅館

在日本時代，私有產權地主愈有能力取得越多店面者，臨街面寬愈大，常將兩三棟改建為一大棟，原本等距序列的美感不復存在，街道風格逐漸破碎斷裂。也有僅將立面改造為現代主義風格，持續保留內部空間使用的做法，譬如位於重慶南路一段郵局舊址，由鍵山今朝吉經營的新高旅館。鍵山今朝吉為佐賀人，以米穀、雜糧、醬油和味噌等食品業起家，一九一四年搭上市

新高旅館樓高三層，原為立面佈滿紅磚與仿白石帶飾的辰野風格，後做假四層老虎窗裝飾，非常氣派，是日本時代市區改正的一大亮點。

區改正風潮，進軍本町開設新高旅館。

戰後，新高旅館先被招商局接收，立面改建為當時流行的現代主義，外牆覆方形淺綠小口馬賽克磁磚，原本的構造則存在新立面的後方。有趣的是，新高旅館北側原本有條清代就存在的小徑，可從府前街通往巡撫衙門（今重慶南路一段四十六巷），日本時代仍保留下來，循此小徑可從本町通行至城內的東本願寺舊址，在市區改正新建沿街店鋪立面時小徑仍被保留，跨街樓成為從本町通進入的孔洞，在戰後一併被改建立面，留存至今。

一九六九年，新高旅館舊址由臺北郵局做為支局使用，二〇〇五年開始閒置，但小徑內的市場與餐飲業仍人聲鼎沸。

3 延續亭仔腳空間的街道風景

一九一三年，總督府公布「產業組合規則」，金融機構「信用組合」逐漸發展。不同於一般銀行純以營利為目的，信用組合著重同業互助、救濟與服務的精神，集合會員的儲蓄投資，定期派發利息回報，亦提供會員低息貸款，解決中小型商社日益蓬勃的資金需求。

隨著中小企業蓬勃發展，傳統產業交易邁入現代資本主義的經營模式，商家之間需透過強而有力的商會制定業界規範和互通資訊，也需要足以代表商會的醒目地標。

臺南州商工經濟會

臺南州商工經濟會，形式延續自從林百貨開始、有「臺南銀座」之稱的末廣町連排店屋。連成一氣的水平陽臺與遮陽板，在當年非常新潮。末廣町造街的內部空間形態與其他地方的店屋類似，但外部表情更具統一性。與關東大地震後，由財團法人同潤會為解決居住問題，在東京與橫濱建造的連排公寓群相當類似，同樣具有反映時代美學風潮及材料演進的簡潔表情。

臺南州商工經濟會以接收清代府城三郊（南、北、糖郊）為基礎，戰後分支為臺南、雲林及嘉義商會，現主體構造仍存，立面被使用商家「寶島鐘錶」廣告帷幕包覆，雖經臺南市觀光局協調溝通，目前商家尚未有拆除招牌恢復立面的意願。

臺南州商工經濟會位於與酒樓林立的西門路交叉口轉角，曾為酒樓「醉仙閣」的營業場所。沿西門路往北走，穿過昔日的西門町來到永樂町，即可望見昔日著名酒家「寶美樓」。此樓今日仍然存在，只是

臺南州商工經濟會，與林百貨分據今臺南市中正路的兩端，如同林百貨一樣具有濃厚的裝飾藝術風格。

如同商工經濟會的命運，被使用者「法國臺北」婚紗攝影公司裝潢包覆住原本帶有時代特色的裝飾藝術風格外觀。

林開郡洋樓

與臺南末廣町商店屋同樣構造尚存，卻因閒置過久而風華蒙塵的著名商店，還有基隆林開郡洋樓。林開郡為發跡三峽的煤礦商，一九三一年在基隆港邊福德町建造此樓，隔旭川與旭町的舊市役所遙相對望，為住商複合式共構宅，同時做為宅邸與出租店鋪。

林宅曾出租給礦業實業家兼畫家的倪蔣懷，直到他在田寮河畔雙葉町購地新建自宅才搬離。倪蔣懷曾以水彩畫下大量基隆港周邊的市街風情，可從其作品中窺見許多絕版風景。戰爭時期基隆因身為北臺灣最重要的港口而遭徹底轟炸，林開

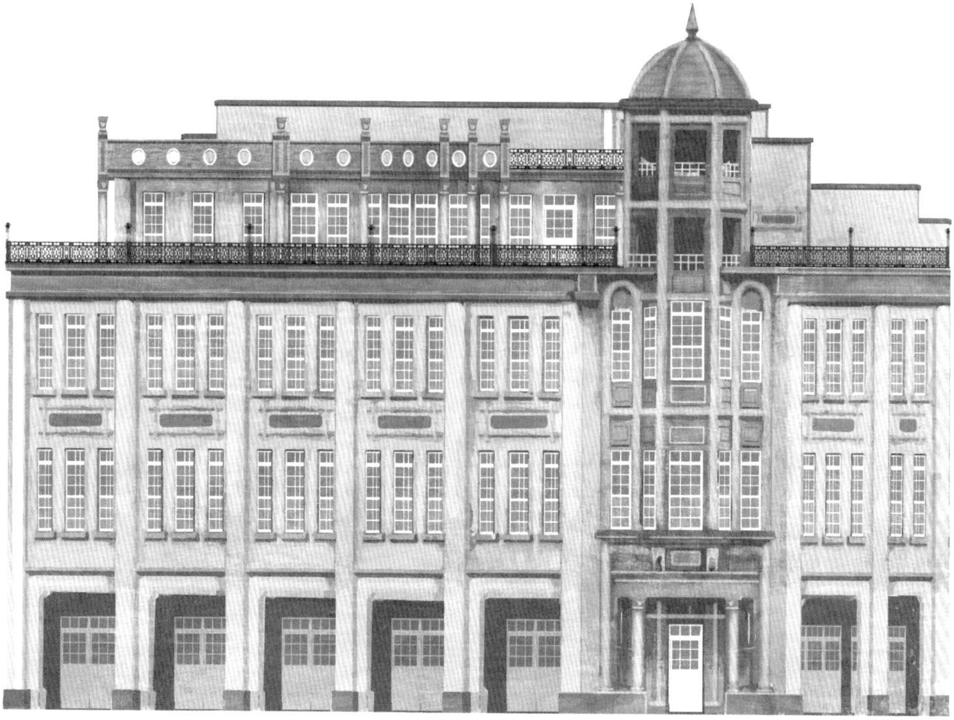

林開郡洋樓。此宅面港口有五開間，面旭川有兩開間，立面柱位、開窗分割及騎樓等空間元素，既融入鄰屋街區形成的連續脈絡，便於分割出租，但全樓整體又構成主從分配得宜、比例良好的完整造型。此樓位於道路交口的轉角，斜切四十五度開窗視野極佳，三層樓的屋頂除了屋頂花園，轉角又加上兩層古典的八角穹頂塔樓，從塔樓往下延伸構成的二、三樓觀景凸窗（bay window），兩側長窗框又以現代簡約的線條構成，是跨越古典與現代、連排與獨棟的折衷佳構。

郡洋樓雖倖免於難，但角樓與臨旭川店面長期閒置，通往國道一號高速公路的高架道路興建後，橫斷其前；加上旭川被加蓋建造馬路、洋樓面對港口的店面被出租店家以招牌掩蓋、破壞原有壁柱等各種因素，導致林宅風貌盡失。而且，產權人眾多意見難整合，整修或拆除皆難以進行，至今仍無法定文化資產的身分。

倪蔣懷（1894-1943），本名君懷，瑞芳人。畢業於瑞芳公學校、總督府國語學校師範部，師承石川欽一郎。曾任暖暖公學校訓導，後經商從事煤礦業並贊助美術，成立七星畫壇、臺灣繪畫研究所。作品曾多次入選臺灣美術展覽會。

新竹日美堂靴鞄店

新竹日美堂靴鞄店位於新竹郵局旁關帝廟北側，開口朝向西門街、南門街口的中央市場，屬商業繁榮的多路口角地。這棟一九三〇年代的作品，運用弧面塑造位於街角的流暢感，並以木窗、洗石子、斜紋面磚等精緻細部塑造和諧的商業表情，牆上還有彈痕見證戰爭歲月。可惜新竹日美堂因缺少文化資產法令的保護，屋主又有權自行處置所屬私產，二〇一六年遭屋主拆除，成為無數未受到確實評價保存價值的案例之一。

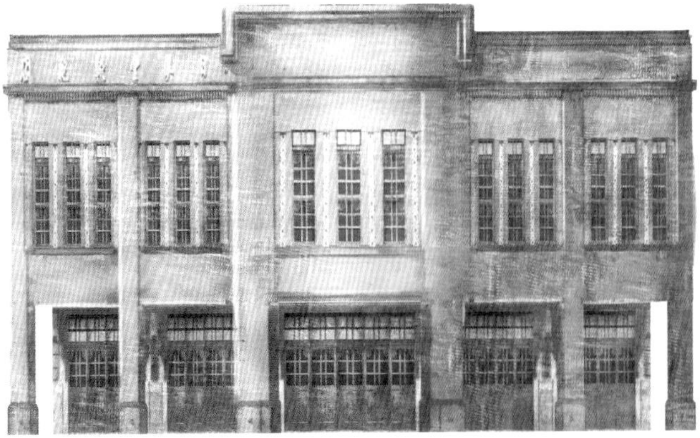

新竹日美堂靴鞄店

儘管如此，日美堂拆除時還是在社群媒體的宣傳下，引發社會關注，新竹市文化局也因此說明日美堂「在二〇〇二年老屋普查計畫中被列為等級B，未建議送文資審議也未列入建議保存名單中」。從這個過程可窺見社會價值的轉變：社會大眾越來越注意這些沒有偉大敘事的日常老屋，它們或許沒有顯赫的歷史，甚至本身的構造工法也並非同時代作品的僅存孤例、不具獨一無二的代表性，但它們就像平凡人都會有的平凡老朋友，一旦消失，還是會讓人惋惜不已。

而現行文化資產的評鑑程序是，縣市政府文化主管機關常以某年的普查或審查結果做為基礎資料。然而，經過多年之後，當初的調查報告只能當做參考依據，不宜視為絕對遵循的標準，因為社會對文化資產的價值衡量是會調整的，當下的眼光有當下的時代意義，從主管機關到審查委員，都應該隨時對文化資產重新定義及評價。

4 歷史在此發生

臺北市重慶南路上的彰化銀行，在日本時代是辰馬商會本町店鋪，由臺灣土地建物株式會社承建、鈴置良一設計，落成於一九二九年，辰馬商會本町店鋪基地原為清代臺北府署，日本時代延用為臺北廳廳舍，直到城外的新廳舍（今監察院）落成後才拆除，面積相當寬廣。新建的辰馬商會店鋪兩側皆設有巷道（今重慶南路一段 23 與 29 巷），最初的設計構想是除了臨本町通（重慶南路）的兩個店面，另外在兩側也各設計三間小店鋪，出租給更多商家使用。店鋪與後方倉庫間有天井，二樓則隔為兩間辦公室，臨街側又分別隔出接待室和貴賓室。大跨距架構的三樓則沒有隔間，後來被彰銀做為會議室使用。1934 年臺灣總督府專賣局臺北支局向辰馬商會租下整棟建築，打通中央隔牆成為今日格局。

是日本時代中期商業建築的代表性作品。

臺日聯手打造的辰馬商會本町店鋪

業主辰馬商會自一九八六年起在大稻埕建昌街開設店鋪，代理進口日本食品，主力商品為酒類，清酒銷售為當時全臺之冠。一九二一年成立株式會社，本社位於臺北市本町（今開封街一段三十三號），並在臺中和臺南兩地設有支店。一九二八年投資興建三層樓加強磚造的商辦建築，位於本社不遠處的本町三丁目一番地，敷地面積一百七十坪，並有一座附屬倉庫。

建築師鈴置良一在設計辰馬商會本町店鋪之前，美國現代主義建築師萊特設計的東京新帝國飯店甫於一九二三年落成，一反大正時期以磚造和泥塑形成建築風貌歷史主義的主流，將刻有花紋的預鑄陶磚風潮帶入日本，並因鋼筋混凝土普及而流行，影響了本町太陽堂書店和旅社、中野十郎商店、表町的勸業無盡會社等後起建築。當時受聘於臺灣土地建物株式會社的鈴置良一，自述受到萊特作品裝飾藝術風格的影響，其作品目前仍零星留存於臺北城內。

承建商為臺灣土地建物株式會社，為了因應臺灣各地市街更新需求，而由日臺仕紳共同出資，在一九〇八年於基隆成立。主要業務為配合市區改正政策進行街區更新、規劃日本人住宅區、開發都市近郊溫泉街等，也與臺灣拓殖株式會社合作，是當時相當重要的非官方營造組織。

二二八傷痛記憶的所在

成立於一九二二年的臺灣總督府專賣局臺北支局，主要業務為食鹽、煙草、酒類專賣，戰後為行政長官公署臺灣省專賣局接收，改稱臺北分局。一九四七年二月二十七日晚間，分局查緝員在大稻埕法主公廟對面的天馬茶房前查緝私菸，引發警民衝突後開槍傷人致死，隔日上午大批民眾聚集於分局前要求分局長下臺負責。此建築因此也成為見證二二八事件導火線的歷史場域。

一九六九年菸酒公賣局（由省專賣局改制而來）將臺北分局建築賣給彰化商業銀行。彰銀後來進行建築立面整修，將原本三兩錯落、疏密有致的開窗改建。具現代主義特色的均質分割，每扇開窗間距大小皆相等，但是見證二二八傷痛記憶的專賣局硬體構造尚存。

由於外觀已不是當初建造時的原貌，儘管辰馬商會的建築具有重大深刻的歷史意涵，但二〇一二年的審議仍著重於「硬體物質留存程度」

的判斷，由文化局登錄為臺北市「歷史建築」而非「古蹟」。此舉將成為日後爭議的來源，因為古蹟依法需保存，歷史建築則為獎勵性法條。二〇一六年，媒體報導產權人彰化銀行預定改建此樓為十三層大樓，並將其中六層對外出租，嗣後在倪重華文化局長任內通過文資委員審議，決議恢復二樓辰馬商會店鋪的立面，以意象保存歷史場域遺跡。

新舊共構留下的歷史遺跡

留下建築立面新舊共構，是面對保存與開發兩難時，常採用的折衷辦法，距辰馬商會不遠的菅野外科醫院即為一例。這所醫院是一座帶裝飾藝術特徵的現代主義風格建築，並保有日本在明治維新後「和洋並置」的住宅配置傳統。戰後菅野外科醫院由陳春坡醫生購入，然後轉賣給方錫玉醫師當做第一外科診所，並於二〇〇三年登錄為臺北市歷史建築。二〇〇五年因產權人的開發需求而拆除，改建後的大樓僅留下立面，以往的和洋並置空間關係消失，室內一九三〇年代風格的裝潢和傢俱不復存在。

菅野醫院在改建前，整棟狀態仍完整保留日本時代的格局與風貌，也保留原始立面，相較之下，辰馬商會店鋪的立面已被改建，僅存樓板及樑柱構造。兩棟建築存在的現狀大為不同。因而彰化銀行提出仿古恢復辰馬商會原本立面的改建方案，尊重歷史的態度雖值得肯定，結果卻會造成辰馬商會表裡皆被更換，也就是創造出一棟徹底新建的建築。該建築原本偏現代主義的裝飾藝術風格二層外觀，與上方即將新建的大樓，將難達成（如重慶北路保安街口葉金塗宅）的新舊對比效果。

辰馬商會建築見證臺灣戰後近代史的傷痛歷史，即使當年在特定歷史情境與審議情勢下僅被登錄為「歷史建築」，也應以更高規格的保存，為未來留下研究與詮釋的實體依據。

5 百貨公司的新潮消費空間

工業革命以後，日常生活用品透過工廠製造，生產的速度和數量大增，都市化的生活型態也讓商品種類日漸繁多，傳統販賣單一類型商品的店鋪不再能滿足民眾的購物需求。十九世紀在歐洲各大城市，都能見到百貨公司的蹤影，到了二十世紀初，日本著名百貨——三越、白木屋、高島屋等接續開幕，為民眾帶來截然不同的消費體驗。

引領潮流的菊元百貨

一九三二年，身兼臺北州臺北市協議會員身分的商人重田榮治，聽聞日本內地大型百貨欲來臺擴張版圖，故搶先在臺北城內日本人的住商區域榮町，開設臺灣第一家百貨公司——菊元百貨店。重田榮治曾參與八國聯軍而有中國經驗，後來在臺尋找機會，在大稻埕經營毛線和布料批發的臺灣人的商店工作，後於黑美人大酒家斜對面（今延平北路南京西路口西南側）獨立開設「菊元榮商行」，從此貿易對象從中國東北拓展至南洋。

一九二八年，重田榮治加入臺北城內的都市更新計畫，繼而建造菊元百貨店。新廈基地在日本時代初期屬於撫臺街以南的西門街，為日本政府接收清代衙署做為總督府、陸軍幕僚等官方廳舍用地，是

▲ 重田榮治（1877-？），山口岩國人，曾從軍，後來臺創業，從事棉布批發。成立菊元商店、菊元百貨店，提供資金創設天母教。曾任臺北州臺北市參事會員。

▶ 菊元百貨樓高六層，加上頂樓的瞭望臺，高度僅次於總督府高塔，當時有「七重天」稱號。店內一樓到四樓是賣場，五樓是著名的菊元食堂，六樓則提供展覽和演講使用，樓層分配的邏輯呼應了消費心理學，在今天仍被臺灣的百貨公司所延用。

故未納入早期的市區改正範圍。一九二六年町名重劃後屬於榮町三丁目，因基地內各行政單位已分別遷入新落成之總督府與其他新建廳舍，故由官方與民間合作，以大規模造街的開發手法更新。

與總督府合作的地產商臺灣土地建物株式會社，負責興建菊元百貨，建築師是古川長市，還有技師玉置玉彥（繼鈴置良一之後進入會社）。古川長市當時是會社建築課課長，菊元正是其代表作品，他曾在《臺灣建築會誌》發表設計理念。

菊元百貨頂端大大的「榮」字招牌，取自店主重田榮治之名，也映照百貨所在的榮町。

臺灣土地建物會社為大型建設開發公司，專精於建築技術的革新與推廣，擁有鋼板混凝土、鋼骨鋼網混凝土、鋼筋空心磚混凝土、防暑空心磚屋頂等技術，皆取得專利；並早在一九二〇年初期便導入美國的異形鋼筋、得到英日專利的乳狀防水劑、日本宇部水泥與萬全瓦等新式建材，並將臺灣生產的高砂磁磚販賣到日本國內。該公司將一九三〇年代前所累積之結構、構造工法、材料設備等建築技術的實力，全都灌注在當時最前衛的建築菊元百貨上。由於建造者的背景，藏於目前外皮下的構造（菊元百貨後來曾改建外觀，外牆加裝玻璃帷幕與磁磚），仍保存了臺灣當時最先進精緻的建築技術。

臺北城內最高的民間建築

屬於裝飾藝術風格的菊元百貨建築，量體呈階梯造型，此量體的呈現，是受到紐約都市計畫法令的影響。一九一三年曼哈頓地區因市區建築物密度過大，高二十層以上建築超過五十棟（其中有九棟超過三十層），密集樓群造成陰影，阻擋附近低樓層的採光及空氣流通，形成街道中的「大樓峽谷」現象。

一九一五年百老匯大道上的三十八層的公平人廈（Equitable Building）容積率達百分之三千，造成二萬八千平方公尺以上的陰影面積，影響低樓層住戶的生理與心理健康，引起居民不滿。一九一六年紐約市政府在「美國都市計畫分區之父」的律師巴塞特（Edward Basset）推動下，通過「紐約市土地使用分區管制規則」，成為全美第一個全面使用土地管制規則的都市。

儘管世界各國城市的建築密度都遠不及曼哈頓般密集，但在當時，菊元百貨已是臺北城中最高的民間建築，回應建築風格從歐洲化轉向美國化的風潮，在五至七樓形成階梯狀退縮，成為其與臺灣其他百貨大樓量體最大的差異，代表了二十世紀初期世界潮流的建築特色。退縮形成的屋頂陽臺，也成為商業宣傳不會放棄的戰場，後來店主加上取自自己名字中大大的「榮」字招牌，將資本主義的光芒照耀在百貨所在的榮町。

臺灣最早的電梯，出現在臺北車站對面的鐵道飯店，後來臺北城內的臺灣總督府、三井物產株式會社和遞信部也裝設電梯，只是一般民眾無緣搭乘。當菊元百貨店設置電梯，立刻就成為臺北觀光的熱門景點。許多人到臺北專程前來搭乘，連穿連身制服、戴著白手套的電梯小姐，也如時尚偶像般成為被仿效的對象。而菊元百貨店所在的臺北城內，因為是日本人生活區域消費能力高，進口商品也為最高級，可說是臺灣現代化的重要櫥窗。

吉井百貨一枝獨秀的立面外觀以凸出的長條壁飾分割長窗，強調垂直向度的立體感，現代主義的風格中仍帶有些許裝飾藝術風格的遺緒，曾經小幅度的改建讓立面裝飾線條更加明顯。

遠眺高雄港的吉井百貨

日本時代三大百貨之一的高雄吉井百貨，創立於一九三八年，擁有如同七重天般的別名「五層樓仔」。創立者為滋賀縣人吉井長平，一九〇三年到臺北發展，一九〇八至旗津經營洋貨，陸續開設四家分店，經過三十多年的耕耘，在最熱鬧的鹽埕町六丁目，與榮町、入船町、堀江町交會處的轉角街廓，蓋了現代化的高層建築吉井百貨店，吉井長平後來也當選高雄市會議員，跨足政商界。

菊元百貨和林百貨都與鄰屋脈絡相連，但吉井百貨因都市計畫，五層樓的高度在當時的鹽埕更顯高聳，一樓仍然設置騎樓，臨騎樓則規劃便於展示商品的大面玻璃櫥窗。一樓為食品及化妝品、二樓為洋服、三樓為和服、四樓為家具、

三大百貨公司的命運流轉

戰後菊元百貨由國民政府接收，改為臺灣中華國貨公司，繼續做為商場營業，負責人為華南銀行董事長劉啟光，總經理為臺北商會理事長黃及時，依照為抵制日貨成立的上海國貨聯營公司模式，由國產業者集資經營。爾後中華民國軍人之友社總社也設於該處，並於三樓設置中華特產館。

臺南林百貨，與菊元百貨一樣建於 1932 年。

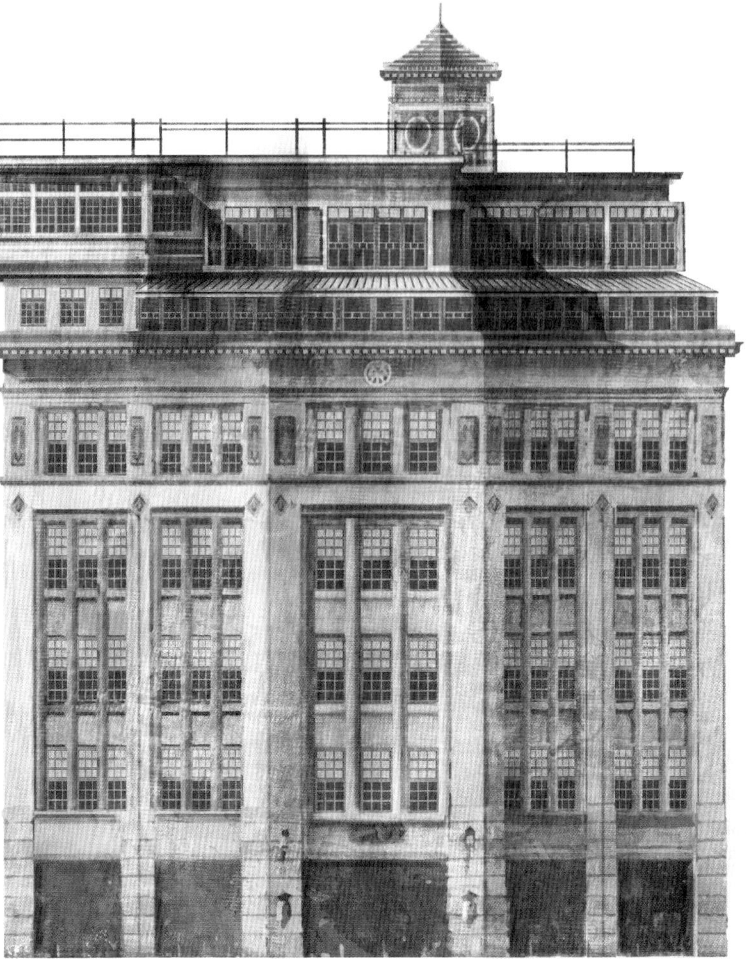

一九六八年，該樓由南洋百貨公司董事長龔漢生承租，藝人包氏三兄弟的父親實業家包振銘經營；一九七七年南洋百貨倒閉，由葉依仁取得經營權改名洋洋百貨公司，媚登峰企業董事長莊雅清年輕時曾任該店櫃檯小姐。一九七九年洋洋百貨公司倒閉，葉依仁潛逃海外。此建築的商場使命完結，除了後繼者經營不善，臺北主要商業活動由城內東移的發展趨勢也是重要原因。

後來世華聯合商業銀行購得菊元百貨建物，委由鼎一建築師事務所方汝鎮、朱祖明建築師進行外觀改建，加上一層當時流行的玻璃帷幕外牆與磁磚，並將高層階梯狀造型的樓層配置，外推至全棟各層相同面積，形成筒狀量體，但並未傷及主體結構，內部裝潢與空間仍有許多值得珍藏檢視之處。

一九三二年開幕的臺南林百貨及一九三八年在高雄開幕的鹽埕町吉井百貨，和菊元百貨為臺灣最早的三家百貨公司。日本時代的鋼筋混凝土建築（尤其是菊元這樣的高質量作品），在戰後若欲增加空間量繼續使用，為求表面更新與節省成本，時常使用類似世華銀行改造菊元百貨外觀的手法，將來若各方面條件齊備，也有充足基礎妥善恢復舊貌。除了三大百貨之一的吉井百貨已無此機會（後來的使用者華南銀行將之拆除改建大樓），臺南的林百貨則剛修復竣工，重新開幕，成為結合歷史、商業與藝術的文化地標。

身為戰後日系百貨始祖的菊元百貨，見證臺北從戰前到戰後，政權轉移過程的商業發展及社會流行文化史。四十五度角斜切面對路口如城市看板的形象，除了為室內觀者帶來居高臨下觀看城市的絕佳視野，時常懸掛自家特價拍賣的訊息廣告，有時也配合響應各時期不同政權政策及時事，如日本時代的始政四十周年紀念博覽會、日軍攻克武漢慶祝、皇紀兩千六百年紀念等，如同見證歷史的時代畫面，大量呈現於城市影像紀錄中。戰後亦延續此功能，懸掛歡迎國民政府來臺、慶祝軍人節、慶祝蔣總統誕辰等。

菊元百貨也是諸多文學書寫與回憶敘事的對象，如，與那原惠在《到美麗島》中描述：臺北因為有與世界潮流接軌的菊元百貨，可享受比東京還先進的進步潮流；鈴木怜子在《南風如歌》中回憶戰爭時期糧食供給緊縮，市民在菊元食堂排隊領取配給糧食，有時甚至只有香蕉；以及戰後由黨國接收做為軍職人員特惠商場、也是反共義士接受軍友社招待的場所。無論從歷史價值、社會意義及美學角度，都具有高度保存價值，若能指定為古蹟保存，便有機會恢復原貌延續城市發展的故事，在林百貨已修復完畢的今天，值得相關單位重視與保護。

▶▼菊元百貨

文玩具等生活用品，五樓則為食堂及遊樂場，頂樓可向南遠眺高雄港與吉井先生發跡的旗津，如同林百貨的「末廣社」，設有祀奉海上交通之神構內社（機構內設立神社）「金刀比羅社」，凸顯吉井百貨獨特的海洋性格。

戰後吉井曾改名為高雄百貨，最後終於不敵新式百貨，轉賣給華南銀行。近年銀行新建大廈仍強調垂直線條的立面分割，或許是因為延續地標的設計考量，但了解其意涵的行人已越來越少。

6 摩登消費時代的象徵

日本時代昭和年間的臺灣店屋，繼明治、大正年間流行的歷史主義風格牌樓厝之後，歷經大地震所致的材料革新、交通工具日益普及而影響的流行風格，而逐漸建立起代表性的風格。如開窗面積加大、強調水平線條的簷帶與窗臺，更加靈活運用磁磚裝飾外牆，甚至直接將具象圖案當做建築造型素材，創造出摩登、明快，充滿速度感的時代精神。

嘉義丸茂百貨店、花蓮吉村商店

日本時代的嘉義丸茂百貨店，座落地點有如臺北菊元百貨和臺南林百貨在城市中的地位，一九二八年在嘉義市元町六十番地的三叉路口落成開業，立面裝飾線條俐落簡潔，

嘉義丸茂百貨店

象徵時尚與潮流，是地方重要的商業地標。可惜在二〇一三年遭到拆除，改建為五層樓住商混合大樓，而原店家仍然在嘉義市經營度量衡儀器工廠本業。

與丸茂百貨風格相似的，還有花蓮黑金通的吉村商店。黑金通是昔日花蓮港車站周邊繁華的商業街區（今中山路東段），吉村商店為營造業者吉村組組長吉村佐平所開設。吉村佐平一九〇八年來臺後先於臺南工作，四年後在花蓮開設鐵工所，為花蓮港信用組合創辦人之一。吉村組承攬許多花蓮土木工程，包括：花蓮港廳、吉野圳、花蓮港鐵道出張所、米崙溪橋、太魯閣產業道路、花蓮檢察長宿舍等，是當地重要的營造業者。

吉村商店尚存兩屋，臨道路者為鋼筋混凝土造，門窗線條流暢，並以不同顏色的洗石子製造出視覺變

花蓮吉村商店，位於昔日花蓮港車站周邊繁華的商業街區。

化，室內卻是採用古典風情的歷史主義，呈現內外有別的趣味；另一棟為木屋。戰後吉村商店由攝影師張春輝購得進駐，經營三和照相館，在兩小屋間增設水缸供沖洗相片使用，臨馬路的原立面則因歷年改建失去原貌。二〇一五年地主欲拆除新建才發現藏在內部僅存的兩棟小屋，認為有保存價值，決定拆卸移地保存。

基隆松元蒲鉾店

如同黑金通之於花蓮港，曾被喻為「基隆銀座」的基隆港東岸哨船頭義重町，也是商業繁盛的港市商業區。雖然當時以歐洲城市為藍本打造的多數街道建築，已在空襲和戰後發展的改建中消失，但仍留下若干保存時代風華的痕跡，其中最引人矚目的就是義二路上的松元蒲鉾店。

基隆松元蒲鉾店位於基隆港東岸商業區，一樓外牆覆白色面磚與洗石子，二樓外牆則有摩登的圓窗、水平雨遮與黑白相間磁磚，轉角以黑、白、綠三色磁磚排列表現方塊的明暗面，試圖在平滑表面製造出立體視覺效果——如魚板切面多變的圖案，即使今日觀之仍相當前衛。

松元蒲鉾店為魚板商店，最早的魚板是將魚漿塗至細竹條上，成形即為竹輪，因狀似蒲鉾而名之（鉾即為矛），後來則改良製作方式發展出板狀造型。店家用清冽的山泉水和新鮮漁貨將魚板製作成漢人喜愛的雞鴨等造型，商品深受喜愛，時常大排長龍，也外銷至琉球。由於位在港邊，魚板製作好馬上運送上貨船，聽說到達時都還是溫的，可以即食，足見其新鮮程度。

雖然松元蒲鉾店只有兩層樓，但在市街中做為地標看板效果十足。後來因為年久失修，屋頂塌陷，二〇一二年被隔為兩間店面，而後進駐北側的店家則將黑白相間磁磚敲除改為單色二丁掛，整體美感大為減損，非常可惜。

豐原呂內科診所

一九三〇年代，日漸繁忙通暢的交通發展，是推動經濟的重要象徵，也是建築設計豐沛的設計靈感來源。曾經是鐵路醫院的彰化高賓閣酒家，輪船造型的立面，概念類似日本在關東大地震後流行的看板建築，反映出交通工具如何應用為當時最摩登的設計題材。

與之相呼應的豐原呂內科診所，亦為裝飾藝術風格的店屋，山牆的車輛造型反映時代對速度與潮流的追求，車輪位置即為開窗的直接轉化，投射屋主的價值欲求，工匠巧思也令人嘆服。二〇一五年由屋主拆除做為停車場，汽車的形象換來了真實的車輛。

從民間店屋到百貨公司，建築的風格轉變涵蓋了各種對歷史主義樣式的嘗試和回應，以及裝飾藝術風格多元廣泛的取材範圍，除了與歷史連結之外，也開闢了新的格局，變化萬千令人目不暇給。裝飾藝術風格乍看精美細緻，卻又是由極其單純的幾何造型語彙組成，容易模仿且有利於風格推展。建築語彙的運用與轉變跟隨著日漸加快的時代腳步，反映了臺灣突飛猛進經濟發展的軌跡。

豐原呂內科診所，運用日本時代流行的裝飾藝術風格，建築設計展現出當時高超的工藝水準。

第6章

公會堂‧市民社會的活動場域

1 公會堂的時代任務

日本在近代化過程中，學習西方的各種社會制度，包括如何從傳統東方封建體制轉變為公民社會，公會堂在其中便扮演了重要的角色。在此，民眾有特定的聚會場所，透過戲劇表演、演說、展覽等方式，除了達到政令宣導的功能，民眾也能在這樣的空間內自我教習和溝通協調，成為積極參與社會運作的一份子。

基隆公會堂、淡水公會堂、新竹公會堂、臺中公會堂、嘉義公會堂、中壢公會堂

臺灣的公會堂大都在大正時期建造，地方政府以慶賀皇族成婚或太子即位、天皇壽慶等名義大興土木，反映了一九二〇年代藝文活動日漸興盛，但在不久後被收編進昭和前期戰雲密布的軍國主義，成為國家宣傳機器的一環。

第一代基隆公會堂在一九〇二年建於義重橋旁山丘上，構造為石造木屋架，後來因雨水滲漏屋架腐朽，一九一五年在日新橋旁軍方土地再建新公會堂，同時紀念大正天皇大婚。戰時因空襲局部受損，戰後修補繼續做為中山堂，於一九七七年陳正雄市長任內拆除，一九八五年原址改建為基隆文化中心。

帶有三角山牆磚造的基隆新公會堂，與華麗的郵局遙相對望。延續舊公會堂的石砌厚重感，門面設義大利文藝復興風格的仿石砌三連拱強調入口，襯托二樓的磚造表情相當醒目。

淡水公會堂由稅關及商船會社成員籌建，畫家木下靜涯曾在此舉辦盆栽特展，是地方重要藝文中心，一九九三年改建為淡水藝文中心暨鎮立圖書館。

淡水公會堂是屬於帶有倫巴底帶飾的仿羅馬風格。

新竹公會堂屋頂的切角頂式為其特徵，一九五五年增改建現代主義的門面，遮蓋原本紅磚表情的歷史主義立面，並於此成立省教育廳社教館，後改隸教育部，二〇〇八年再移往文建會成立新竹生活美學館。

臺中公會堂出自松崎萬長之手，起建於一九一八年，含附屬設施歷時五年才全部完工，是臺北公會堂以外最為壯觀華麗者。戰後政府轉賣給民間成為白宮酒家，林柏榕擔任市長時拆除，連同公會堂旁的俱樂部一併改建為自由路立體停車場。

位於今日中正公園內的嘉義公會堂，當時常舉辦各種戶外活動，畫家陳澄波曾在此辦過個展，也曾與林玉山聯展。

建於一九三〇年代的桃園郡中壢公會堂，與臺北州七星郡役所一樣，

新竹公會堂的雙塔內門窗雕飾，為典型矯飾主義的出格運用，與後方的連續拱圈相較，凸顯為視覺焦點。

臺中公會堂與俱樂部並列面對臺中公園，視野遼闊。

採用少見的哥德式風格。在一九四〇年改為中壢家政女學校，培訓戰時後勤人員。戰後曾改名中山堂，後來由楊梅高中分部、省立行政專科學校、法商學校（中興法商和臺北大學前身）、中壢鎮民代表會等單位使用，最後鎮代會因安全考量拆除，由新明國中購得遷建於此。

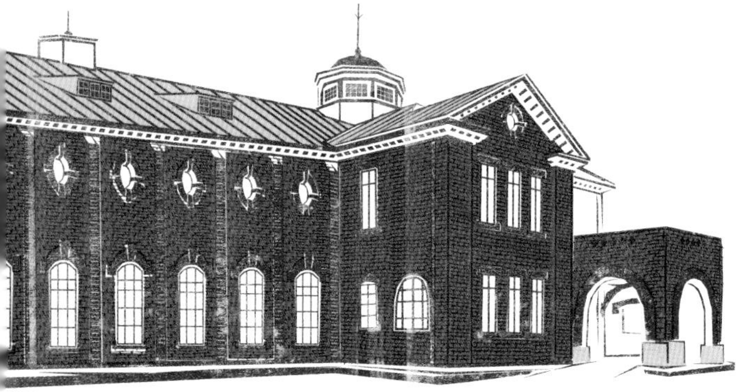

嘉義公會堂採用非常特別的不對稱 L 型配置，入口設於量體轉角後方包覆出的空地。

中壢公會堂採用少見的哥德式風格

2 裝飾藝術的珠寶盒

自日本時代大正年間，臺灣各地帶有宣傳和教化色彩的公會堂，都採用歷史主義風格，直到發生關東大地震才告一段落。昭和初期新建的公會堂，隨著世界建築風潮與國策而調整，逐漸放棄以磚造為主的歷史樣式，改用鋼筋混凝土構造，輔以面磚排列裝飾立面圖案的裝飾藝術運動風格潮流。這樣的轉變從日本內地到臺灣皆然。

虎尾公會堂、鹽水公會堂、佳里公會堂、善化街公會堂

不再受古典語彙嚴格比例及排列方式所束縛的新公會堂，一部分反映了公民社會性格的養成。然而，身為官方機構的公會堂，在裝飾藝術風格的眾多支流裡，選擇了較保守的重複幾何圖案裝飾，排列出繁複華美的圖樣，並維持整體格局穩重的對稱配置，可視為官方建築的特色與侷限。

臺南州物產富庶、經濟繁榮的特色，反映在公會堂的外觀。虎尾公會堂位於虎尾合同廳舍西側及虎尾郡役所斜對面，一九三九年虎尾郡合同廳舍落成，二樓設置公會堂，原虎尾公會堂轉為虎尾郵局使用，戰時遭毀損後拆除改建。

新營郡鹽水公會堂，現代感強烈的幾何量體上佈滿各種裝飾藝術的泥塑，像是一個珠寶盒，戰後改為新營分局鹽水分駐所。北門郡佳里公會堂曾經舉辦過臺灣文藝聯盟佳里支部成立大會，戰後改名為中山堂，成為國民黨民眾服務社。一九九〇年代標售給民間，拆除改建連排透天厝。

新化郡善化街公會堂，主入口拱圈形式特殊，為取材自古羅馬厚重

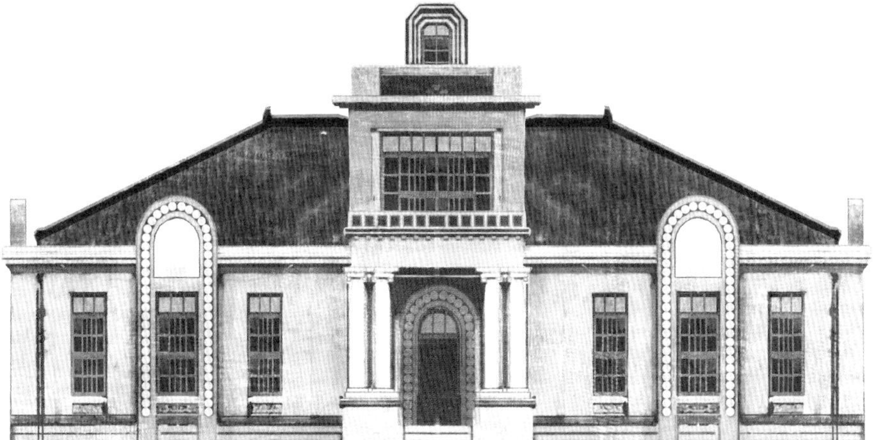

虎尾公會堂特殊的裝飾藝術風格像是博覽會的場館。

風格的裝飾藝術作品，戰後與佳里公會堂命運相同，改名中山堂並成為國民黨民眾服務社和中央日報派報社，後由鎮長蔡天來標售，中油購得後拆除改建為加油站。

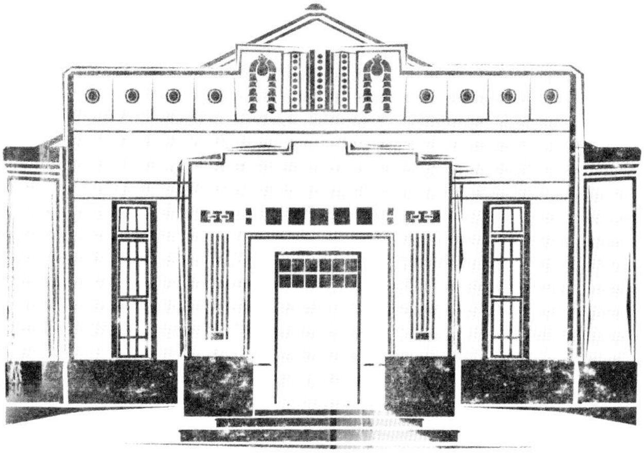

▲ 善化街公會堂是取材自古羅馬厚重風格的裝飾藝術作品。

◀ 鹽水公會堂現代感強烈的幾何量體上佈滿各種裝飾藝術語彙的泥塑，就像一個珠寶盒。

▼ 佳里公會堂外觀糅合歷史主義動章飾和裝飾藝術風格漸層拱圈。

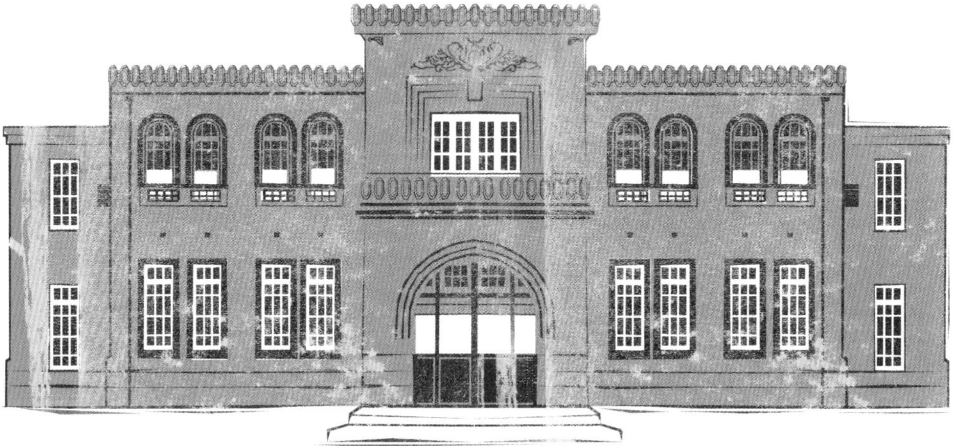

第7章

郵局：傳情達意的收發基地

1 臨時機動的野戰郵便局

訊息傳遞是人類文明發展的重要基礎。上古時代就已出現有組織的訊息傳遞系統，周朝設烽火臺發信號，而秦漢時期的「驛站」和「郵亭」，可視為郵局的前身。清光緒年間推行洋務運動，在一八八八年，劉銘傳率先於臺北城創立中國第一個郵政總局，引進西方國家使用了四十餘年的郵票，以寄件人預付郵資的概念，大幅縮短了郵件傳遞的流程。

打狗野戰郵便局

郵局的日文為「郵便局」，一八六八年日本維新運動時，由日本「郵便制度之父」前島密成立驛遞司。

一八九四年，朝鮮發生東學黨事件，日本進軍朝鮮，同年爆發甲午戰爭，陸軍大臣大山巖發布「軍事郵便規則」，開啟野戰郵便制度。

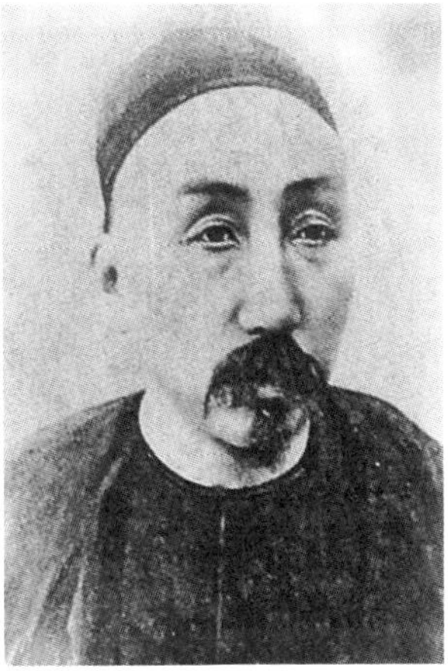

劉銘傳（1836-1896），安徽合肥人。淮軍將領，曾參與太平天國戰爭、對捻軍作戰、任福建巡撫、按察使銜分巡臺灣兵備道，首任臺灣巡撫，任內撫番、清賦、推行鐵路與船運交通、電氣化設施等洋務運動。

前島密（1835-1919），新潟上越人，師事蘭學學者武田斐三郎，曾任開成所數學教授、驛遞局長、內國勸業博覽會審查官長、元老院議官、內務省驛遞總監、北越鐵道株式會社社長、貴族院議員，創設陸海元會社、郵便報知新聞。

因為海外軍隊派遣的需求，日本「野戰郵便」進入臺灣，自澎湖開始設立。在一八九五年中日簽訂馬關條約前，日軍混成支隊登陸澎湖，於是在澎湖原媽宮城澎湖廳總署內設立「混成第一野戰郵便局」。

野戰郵便局肩負了軍事的訊息傳遞任務，強調機動性的運輸功能及靈活應變的處理流程。領臺之初，野戰郵便局的選址有現成清代舊廳舍，如打狗野戰郵便局，以交通方便、機動性高的場所為優先考量。一八九五年到一八九六年，日軍於全臺共設置二十三所野戰郵便局。

打狗野戰郵便局沿用自清代舊廳舍。一八九五年馬關條約簽定前，在澎湖原媽宮城澎湖廳總署內設立「混成第一野戰郵便局」，是日本在臺灣設立的第一個野戰郵便局。

以繪葉書流傳的絕版風景

▲臺灣本島人祭禮行列

▼臺灣露天店

今天我們還能一窺日本時代的郵局及消失的臺灣城鄉風貌，這要歸功於當時郵局發行與收發的物品「繪葉書」，也就是明信片。

日本領臺十年左右開始發行繪葉書，不需使用信封袋包覆的特性，使得內容本身不具隱私性，但正面則像可供自由發揮的畫布，書店或出版社於其上印製精美的圖案，傳情達意時附帶賞心悅目的功能。

這也是統治者展示治理成果的媒介。精美的專業攝影作品經後製加工上色，內容從井然有序的街道、豐碩物產、壯觀建設到日常生活，總督府的政績均可被具象化，呈現於輕薄短小的繪葉書上，隨著問候寄到世界各地。尤其是向內地宣傳臺灣的文明進步，吸引更多日本人前來投資與生活的功能上，自臺灣寄出的無數明信片自然功不可沒。

戰後臺灣人口急速增加，郵電業務因成長而分離，郵局的設置更為普及，融入生活建築空間中。以往獨棟郵局建築盡其所能展現自我個性的時代已經過去，新建的較大型支局大都採用表現速度和效率的現代主義。至此，老郵局風華就像繪葉書裡的景色，只能從回憶中追尋。

2 郵遞事業的改制與局舍變遷

一八九六年，臺灣總督府進入民政化，施行郵便條例，郵局業務移交「臺灣總督府民政局通信課」。一八九八年實施「臺灣總督府郵便及電信局局官制」及三等局制度，另有支局、出張所等。一九〇〇年開辦儲金業務，次年改制為「臺灣總督府通信局」，一九一九年又改制為「臺灣總督府遞信局」。一九二四年遞信局升格為遞信部，與鐵道部合為「臺灣總督府交通局」，從此確立規制。

融入市街的木造洋風小局

在日本時代，郵遞事業通常不需要太大的室內作業空間，甚至許多大型的公共建築如車站、官方廳舍內部都設有構內支局。因此，郵局的建築自由多變，沒有一定的形制。行政轄區較小的三等郵局，建築形制相當簡單樸實，有的甚至像是尋常民宅。

金瓜石郵局

金瓜石郵局、宜蘭蘇澳郵局、花蓮玉里郵局、苗栗大湖郵局

金瓜石郵局與派出所共用一屋，各設入口，在今天仍然可以從新建

宜蘭蘇澳郵局

築中看見兩單位的關連。而宜蘭蘇澳郵局乍看像住宅，為了增加室內採光而設置的重錘窗，可清楚辨識出這棟公共建築身分。來到花蓮玉里郵局，原來的名稱是「璞石閣郵便電信出張所」，因鐵道開通而於改名，入口上方凸起屋頂的採光窗為其特色。在苗栗大湖郵局的玄關，弧形雨庇為其造型特色。

也有直接使用商店街屋空間辦公的案例，如臺北城內榮町的辻利茶舖（今為星巴克重慶門市），曾同時成為府前街郵局，由茶舖老闆三好德三郎身兼郵局局長。臺灣人聚居的下奎府町郵局（原圓環郵局）、八甲町特定郵便局（今龍山郵局）也有隱身市街的店屋格局。

▲花蓮玉里郵局　▼苗栗大湖郵局

三好德三郎（1873-1939），京都宇治人，曾在臺北文山、坪林從事烏龍茶研究，任臺灣協會臺灣支部評議會員、臺北商工會、臺灣茶農株式會社監查役、臺北製冰會社董事、府前街郵便局長等，有「民間總督」稱號。

淡水郵局、基隆波止場郵局、臺中郵局、嘉義郵局、新竹郵局、屏東郵局、彰化郵局

在日本時代，遞信部和鐵道部都有自己的營繕單位。遞信部的人才大都畢業於日本本土的建築院校，受過西方學院專業訓練，設計起西方歷史主義的樣式建築，風格掌握和語彙運用都毫不含糊。除了小型的業務需求，南來北往訊息傳遞的郵局，是訊息流動的平臺，規模較大的郵局因而成為城市的地標。

然而，早期各地的郵局建築時常重複使用相同的設計，如臺北北門旁第一代郵局和基隆郵局，即同樣採用交錯十字屋脊與泥塑雕飾的三角大山牆，新竹和屏東郵局則都有巨大的馬薩式屋頂雙塔。

當木造建築仍盛行時，臺灣也曾出現帶有西洋鄉村風格的郵局，如基隆、淡水這兩個和西洋文化接觸的北部港口。河畔的淡水郵局英國鄉村情調濃厚，成為這座洋風小鎮的特色。北歐形式的基隆波止場郵局，如今僅能在倪蔣懷的畫中追憶其浪漫風情。

擬洋式的小型木造臺中郵局位於十字路口轉角，與臺灣銀行臺中支店、臺中州廳、臺中公共埤圳聯合會事務所（後來的臺中市役所）遙相對望，共同特色為將正立面屋頂老虎窗放大成為山牆，增添小型建築的氣勢。

日本以歐洲都市計畫的觀點來規劃嘉義的道路系統，中山路上的噴水池圓環在戰後有民主聖地之稱，嘉義郵局便位於圓環旁邊，是受人矚目的城市地標。後來曾由商工會議使用，戰後則由國民黨接收為三民主義青年團和國民黨嘉義市黨部，後標售給民間，拆除改建為連排住商建築。

新竹郵局散發著濃厚的北美殖民地風情，是典型維多利亞時期的風格。屏東郵局與新竹郵局一樣採用相同的設計，僅將立面中軸氣窗改為時鐘。彰化郵局將開口設於街道轉角，為官方建築典型配置。

淡水郵局建築中的雨庇牛腿支架，具有蘇格蘭建築師麥金托什（Charles Rennie Mackintosh）的格拉斯哥風格，成為淡水小鎮的一大特色。

大城格局的磚造局舍

基隆郵局總局、臺南郵局、高雄郵局

為了突顯大城市的重要地位，一等局廳舍通常由中央的總督府官房營繕課技師親自操刀設計。有「臺灣頭」之稱的基隆，除了碼頭邊的波止場郵局，還有位於田寮河畔、

基隆波止場郵局獨具北歐風情，為適應港都多雨的氣候而採用急斜式屋頂。

臺中郵局位於十字路口轉角，該路口四個角落的建築都將入口置於轉角斜切面，藉以塑造統一的都市空間意象。

嘉義郵局的大門不在中軸線上而在兩側，這是早期郵局的配置特色。

新竹郵局具有內凹式的馬薩式屋頂雙衛塔，外牆使用雨淋板構造。

屏東郵局採用了和新竹郵局一樣的設計。

彰化郵局的門廳木構精巧細緻，低矮開展的量體存在感強烈。

一九一一年建造的基隆郵局總局。中條精一郎在《建築畫報》發表的文章中寫道：這間郵局的設計者為森山松之助，但尾辻國吉在《臺灣建築會誌》中則說是近藤十郎所設計。根據其落成時間，可能是近藤（任職營繕課課長）與森山（時任技師）共同設計的作品。整棟建築比起基隆車站更加耀眼奪目，曾讓日本畫家三宅克己大為驚艷，認為較之橫濱和神戶毫不遜色。

臺南郵局也出自森山松之助手筆，是市區內最早興建的西洋歷史主義官廳之一，也是臺南唯一大型的辰野風格公共建築。一九〇九年落成時睥睨城內，雙塔雄踞街廓轉角，有如行政廳舍一般的氣派，在數公里外即可望見。

戰後臺南郵局陸續由交通部臺南郵電局及郵電分家後的郵局使用，後來雙塔樓被拆除改為帶有巴洛克風格的波浪型山牆。一九七三年張麗堂市長任內拓寬民生路，將其拆除改建為現代主義風格的中華電信大樓。

高雄郵局位於填海造陸的湊町。一九一二年，這個新生地由日本企業家淺野總一郎的「臺灣地所建物株式會社」完成。在當時官方推行的第一期打狗築港工程中，包括建設鐵路、市場等現代化設施，向日人招商，町內林立壯觀的銀行建築，街道乾淨整潔，居住者七成以上是日本人。

高雄郵局和基隆、臺南郵局一樣採用紅磚外表，這種建築常見於當時的高雄官方廳舍，如高雄公會堂、打狗檢糖所、第一小學校等，讓大正時期的高雄有如一座英國維多利亞時期的紅磚城市，展示出南方第一大城的發展企圖。

基隆郵局業務大廳上方的穹頂壯觀似臺北州廳，屬於造型略扁的拜占庭式，廊柱由河岸襯托出的氣勢，媲美上海蘇州河畔的郵政大樓。左翼由一座高塔收尾，這承襲自倫敦西敏寺大教堂高聳的視覺效果，也像橫濱開港紀念館高塔一樣，採用紅磚白石交錯的辰野風格帶飾，讓水手在船上可清楚辨識。

高雄郵局的外觀為紅磚建築，在門廳車寄與邊框鑲上白色仿石砌材質，具有穩重厚實的視覺效果。

鋼筋混凝土構造的堅固郵局

花蓮港郵局、臺北郵局、新臺中郵局

一九二三年關東大地震以後，鋼筋混凝土逐漸取代木造與磚造建築，例如在昭和時期一九三〇年代新建的臺北郵局、臺中郵局和花蓮港郵局。花蓮港郵局為避免混凝土在材料表現上的貧乏，在外牆以陶瓷面磚裝飾。郵局的門廊則運用了弧度優美帶有躍動韻律感的連續拱圈，呈現古典建築的元素。戰後遭到拆除改建。

臺北郵局在一九六三年因業務增加而增建四樓，從此破壞了原本比例的美感，也造成主體結構的負擔。後來又拆除正立面五連圓拱門廊，改為現在的深色大理石大門。在一九七〇年代，臺北郵局曾面臨拆除的命運，後經指定為古蹟而得以

保存。

一九三四年在原址重建的臺中郵局新廳舍，採用簡化古典元素，外覆面磚的表情，與臺北帝國大學校舍頗為相似。戰後臺中郵局和花蓮港郵局都遭到拆除改建，臺北郵局則因車輛進出大廳的使用需求，敲除優美的玄關拱廊並增建四樓。堅固的鋼筋混凝土建築使用年限頗長，其實有兼顧歷史保存與新增使用的兩全方案。

以位於東京車站旁的東京中央郵局為例。這是昭和年間由吉田鐵郎設計的鋼筋混凝土作品，當郵局傳遞郵務的使命結束面臨拆除時，由於建築本身為城市鮮明的地標，於是市民發起運動而保存了下來。後來在郵局後方興建高層辦公大樓，原建築則保留外觀，從此成為城市裡凝聚共同記憶的觀光郵局。

臺南郵局的選址一如許多官廳建築，設計者以醒目的雙塔樓處理轉角的基地配置，強調其在城市中的地標地位。也在兩翼臨街立面以抬高基座的方式，使其立面在一、二樓間的腰線線腳高於後方店屋，展現官方建築的位階高於民間。但轉角入口卻比民間店屋低矮，入口門廳也如同民間店屋，以三個輕巧的小山牆組成。而主入口腰線的線腳高度，也與鄰側後來興建的店屋腰線等高呼應，但要爬上五小階才得以入內。

這棟建築採用辰野式的紅白相間帶飾，將門廳與主體兩種高度系統的立面統整串連，並在中間山牆的牛眼窗加上大日本帝國軍旗般的放射狀圖案，帶來突破水平堆砌和提點設計的效果，峰迴路轉的設計手法令人目不暇給，是臺灣最高明的辰野式風格。

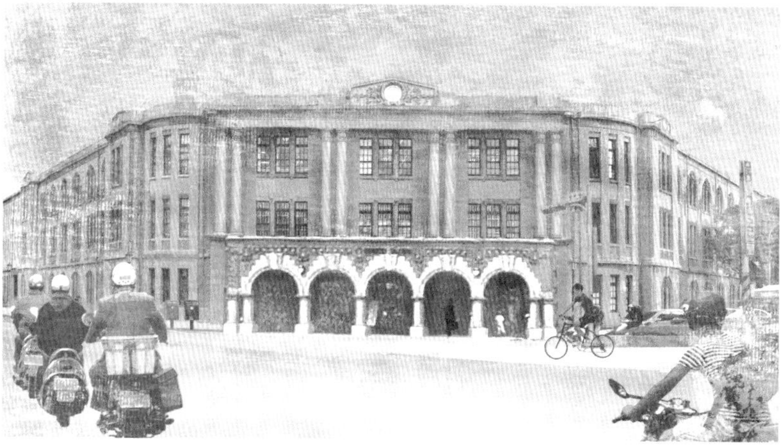

臺北郵局是昭和時期營繕課技師栗山俊一設計的作品。栗山俊一向來致力維護臺灣街道的歷史景觀，曾提出保護臺南祀典武廟，免於被拆除的道路規劃調整方針，在《臺灣建築會誌》裡，保留了大量當初臺北郵局建造的工程資訊。

◀花蓮港郵局的門廊運用了弧度優美帶有躍動韻律感的連續拱圈。

▼一九三四年重建的新臺中郵局

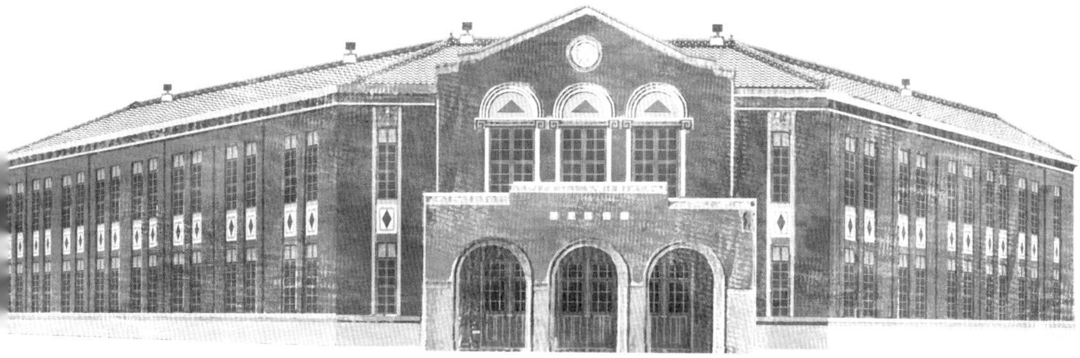

第8章

車站：風馳電掣的起點

工業革命後，鐵路成為帝國列強控制殖民地的利器。一八六三年，日本長州藩密派「長州五傑」到英國留學，其中之一的井上勝於一八六八年返日後即大力推動鐵路事業和鐵道國有化，人稱為日本鐵道之父。

井上勝（1843-1910），山口萩城人，曾就讀明倫館，至倫敦大學學院學習，返日任鐵道頭、工部大輔、鐵道廳廳長、貴族院議員，主持建造新橋至橫濱鐵路、大阪至神戶鐵路，被譽為「日本鐵道之父」。

一八九五年，日本統治臺灣，鐵道建設與治理同步進行。一九〇〇年，臺南與打狗通車，一九〇八年縱貫鐵路全線竣工。從此這座島上的資源可以南運北送，軍隊可免於長途跋涉，大日本帝國實現了大清帝國未竟的藍圖。

從臺灣的車站建築可以看出，總督府對不同層級行政區的治理定位。西部大站如基隆、臺北、新竹和臺中等，大都採用華麗莊嚴的西洋歷史主義，展現脫亞入歐的政策；較晚期興建或改建者，則出現折衷樣式及反映戰爭時期的帝冠式；而次級行政區內中小站，在風格的選擇上相當靈活，從鄉村風情的小木屋到現代主義的長方型量體，跟隨著各個時期的流行。

1 西部城市的大門

臺北車站

自清朝洋務運動開始推展臺北的現代化，在大稻埕建造歐洲式大跨距鋼棚的車站，當時臺灣鐵路事業才剛萌芽，主要供貨運使用。一九〇一年總督府將車站由大稻埕南遷靠近臺北城北牆，由營繕課技師野村一郎設計臺北車站，還規劃了如歐洲城市車站前的廣場。

連接臺北車站與臺灣博物館的大道，在清代因位於臺北府署後方而稱為府後街，日本時代因軸線翻轉，地位大為提升，一九二二年更名表町通（館前路），眾多銀行聚集，還有當時全臺最豪華的旅館臺灣鐵道飯店，旅客一出車站便能感受到大城市的氣息。當時無論是軍隊凱旋的慶祝儀式，或是皇族來訪、始政紀念博覽會等大型活動，都會在站前廣場搭起慶祝牌樓，熱鬧的氣氛從館前路延伸到總督府。

隨著臺北的發展，鐵道線路日趨複雜，原本的車站漸不敷使用，於是在一九三九年拆除，改建鋼筋混凝土造新站，一九四一年落成，由鐵道部改良課技師宇敷赳夫設計、池田組擔任營造。宇敷赳夫還設計

▲ 帶有英國維多利亞風格磚造建築的舊臺北車站。

▶ 新臺北車站，帶有少許裝飾藝術的特徵，造型由白色方型量體組成。

由松崎萬長設計的基隆車站，紅磚屋身與馬薩式屋頂的搭配典雅美觀，杜頭壁飾有華美的勳章飾，立面開窗設拱心石、轉角石、屋頂的雕花鑄鐵欄杆等細節，皆細緻模仿歐洲的工藝。

了嘉義、新營、臺南車站等經典車站，以及臺北松山鐵道機廠廠房。

新臺北車站雪白外觀凸顯純粹的造型，牆上大面窗戶讓車站大廳隨時有良好採光。許多老臺北人回想起年輕時來去臺北的記憶，是以這座白色方盒子當做故事的起點和終點。直到一九八六年因鐵路地下化拆除，為旅人服務了四十五個年頭。

基隆車站

在海運時代，基隆是北臺灣門戶的港口城，有「臺灣頭」的稱呼。基隆也是日本時代縱貫鐵路起點，建於一九〇八年的基隆車站是當時典型的車站建築。

戰後，基隆車站馬薩式屋頂的連排老虎窗在整修後消失，在多雨的基隆相當不利於濕氣排散。一九六七年，臺鐵開始計畫改建縱貫線的大型車站，基隆車站首當其

▲ 基隆車站的鑄鐵雕花月臺棚架

▼ 基隆車站是日本時代縱貫鐵路起點，時鐘加上尖塔是當時車站建築的典型配備。

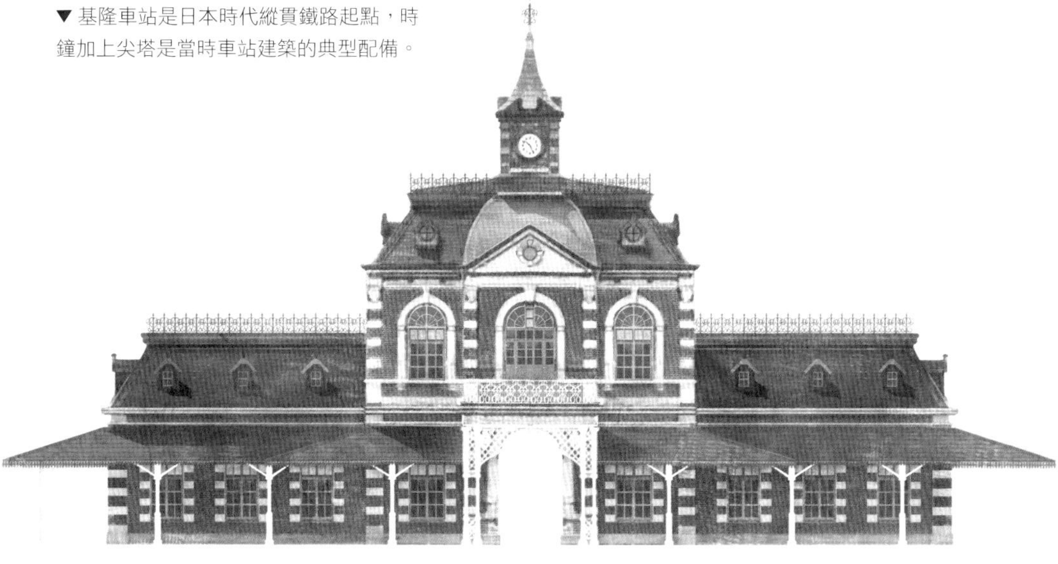

衝，拆除改建為鋼筋混凝土站體。二〇一五年，以玻璃帷幕為主要外觀的新站落成，建築材質與風格反映時代演變。

基隆車站的鑄鐵雕花月臺棚架在二〇一一年的改建工程中解體，僅餘第一月臺三十公尺。而月臺棚架被卸除的部分未來將重組展示，但地點至今仍未決定。

2 地方風情的木造小站

日本時代的地方小站大都延續明治年間樸拙或精巧的木造車站，具有易於取得建材、建造快速等特點，但木造車站有耐久性和規模等侷限，較難抵抗臺灣地震與蟻害的挑戰。如舊山線的泰安車站（舊稱大安車站）的木造站舍於一九三五年新竹臺中大地震時傾倒，後來以鋼筋混凝土重建；阿里山線的竹崎車站木造站舍雖仍保存，但需以交叉桁架系統加強外廊構造強度。而臺中、臺南及高雄等大站最初皆為木造車站，後來因城市擴張人口增加，陸續以磚石或鋼筋混凝土等材料重建大型站體。其他沒有「進化」重建的木造車站，則成為今天難能可貴的文化資產。

屏東車站、新店車站、雙連車站

一九一三年啟用的屏東車站，是臺灣縱貫線早期木造車站的經典之作。而支線車站也與地方小站一樣

屏東車站銅版瓦斜屋頂、外露木骨牆、細緻的鑄鐵牛腿與屋頂裝飾，帶有濃厚的歐洲鄉村風情。

新店車站為典型的支線鐵道木造小站，站體由簡潔的切妻造屋頂與木板牆構成，屋頂覆日本棧瓦。木造玻璃門窗可為站房帶來良好採光，磚造基座則加強構造之穩固並隔絕濕氣。

多為木造小站，但隨著線路開通、站體裁撤而日漸稀少。

臺北新店線的前身，是為了運送來自木柵、深坑、石碇等地區開採的煤礦，一九二一年由民間公司臺北鐵道株式會社興建，是營造商「澤井組」負責人澤井市造的私營輕便鐵道，從澤井組的業績小粗坑發電所堰堤和公館水源地唧筒室等所在位置，可看出鐵道與產業發展的關連。後來因為碧潭和烏來的開發，成為著名的觀光路線，戰後由臺灣鐵路局接收營運。一九六五年因公路客運興起而沒落，虧損嚴重而結束營運，一九七〇年全線拆除，是臺鐵最早停駛的支線，路線大致與一九九九年通車的捷運新店線相符。

新店線上的新店車站原本為全線終站，一九三一年才又延伸通車到郡役所前車站。新店車站大門原本面對西側的光明街，這條街是碧潭附近著名的老街。在拆除地面鐵路後，該段鐵道成為現在的北新路，坐落於新店車站原址新建的住宅大樓，將大門設於東側的北新路，可見市街與交通發展的關係。

臺北淡水支線雙連車站所在地，

雙連車站建於一九一五年。

原為清代臺北湖殘留埤塘「雙連陂」，一九一〇年後填平開墾成水田（今大同區建成公園中不規則平面為其遺跡）。一九一二年，基督長老教會在雙連設立馬偕紀念醫院，促使一九〇一年通車的淡水線於一九一五年建造車站。一九四三年雙連車站新站房落成，造型與石牌站相似，在一九八八年淡水線停止營運後拆除。一九九七年捷運通車，新建地下化的捷運雙連站。

臺北後車站

一九二三年，為了便於大稻埕臺灣人使用而設置的洋風木造臺北後車站，當時稱為「裏臺北驛」，取代同日停用的「北門乘降場」，成為淡水線的新端點。

氣派的臺北前站，從磚造到鋼筋混凝土時期是整座城市對外的大門，在日本時代多為前往城內的日

臺北後車站站體狹長，入母屋造的屋頂南北兩面共有十四個牛眼形老虎窗；站房高於路面十多級石階，木造屋架跨距大，以大面木格窗構成的牆體，為室內帶來明亮舒適的候車空間，而木屋架間也以金屬桿件來穩定構造。

籍乘客使用。相形之下，通往大稻埕的後站便是臺北的內裡，屬於臺灣人的車站，木造的溫潤質感也令人備感親切。後站周邊聚集裝載遊子夢想的旅店和職業介紹所，是許多臺籍乘客對臺北的第一印象，與站體相連的第六月臺，也是通往淡水及北投溫泉鄉的出發點。

一九八八年，臺北後車站因淡水線停駛而停止使用，民間提議保存，次年卻遭火災焚毀。二〇〇一年，大同區公所為促進地方產業發展，在車站原址北側興建「後火車站懷舊廣場」，設置簡易月台，也陳列了由臺鐵提供的單節柴油客車。但此柴油客車並非行駛於淡水線的車輛，而是來自花東線輕軌時期的窄軌拖車，這種錯置物質時空、缺乏詳實考據的「意象復原」手法，在臺灣屢見不鮮。

新北投車站、三義車站

淡水支線上的北投原意為「巫女之地」，在日本時代是溫泉勝地。一九一六年，從淡水支線鐵路分出一條通往溫泉區的新北投線，並設置「新北投乘降場」，採用與臺北城北門外的「北門乘降場」相同的設計圖面。新北投站造型典雅，遠處即能望見，是數代人對新北投的共同記憶。

一九八八年，陪伴北投七十多年的老車站，隨著淡水線結束營運而面臨拆除。次年，站體構件免費提供給富商施金山，在其所經營的彰化臺灣民俗村內重組。然而，隨著社會觀念的轉變，北投人開始珍惜自己曾經擁有的集體記憶，在二〇〇四年發起一人一塊錢買回車站募款活動。終於在二〇一四年，產權人日榮公司同意捐贈歸還臺北

日本時代的「新北投乘降場」，後改名為新北投車站。

新北投車站具有大跨距屋架，外覆銅板瓦的洋風木造車站，前後兩側各三個牛眼型老虎窗。

市，將車站解體運回北投重建。

經過多次的拆組，許多建材早已散佚，負責重組的建築師事務所提供的計畫圖也未盡詳實，來回搬運的車站已不復原貌。新北投車站在彰化時被縣政府指定為暫定古蹟，拆回到臺北後，因為是尚未重組的建材構件，不符合指定古蹟或登錄歷史建築的條件，另一方面因重組工程位於都市計畫劃定的都審地區，故提送都市計畫審議程序。

截至二〇一六年，爭議與討論最多的兩種遷回新北投車站的方案，一為重建於距離原址約五十公尺遠的七星公園內。這是以往常見的處理方式，如一九九五年三義車站在卓蘭鎮小雪霸瀑布休閒村內重組、二〇〇七年七堵車站重組於七堵鐵道紀念公園。但此方案無法讓人看出車站位置與地方發展的脈絡，也阻斷了未來可能局部恢復舊鐵道線路，甚至與原本行駛於淡水線的柴油車廂共同展示的機會。

另一個「微調原址」的方案，則是重現溫泉公共浴場（溫泉博物館）、北投公園噴水池、車站到觀音山的歷史軸線。在此規畫下，從車站可看到公園，也可重現月臺和軌道，這是強調文化資產場所精神的保存觀念。目前各方對重組方案仍未取得共識，最後做出的決定也

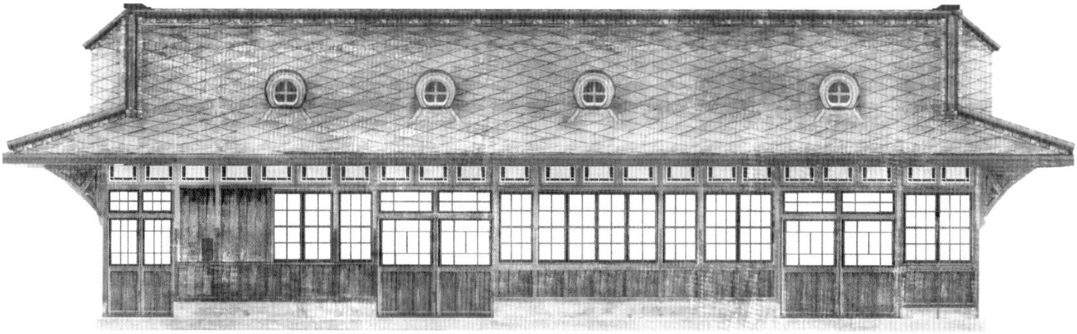

▲ 1937 年新北投車站向北側擴建，拉長的屋頂兩面再各增設一個老虎窗，與原本的三窗呈現不等距關係，整體造型與淡水線的起頭臺北後車站非常相似。

▼ 三義車站建於 1903 年，1995 年拆遷重組。

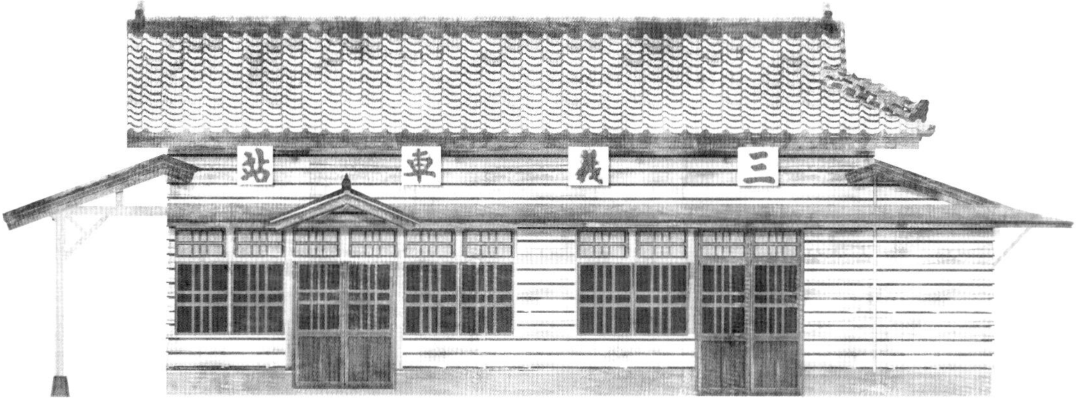

將反映臺灣這個時代的保存觀念。

然而，修復或重建文化資產之後，還必須活化再生使其永續保存。如此一來，古蹟才不至於閒置，而能再度充滿人氣和累積記憶。

3 東洋和風式車站

在日本時代，除了受軍國主義風潮影響的帝冠式建築（如高雄車站、高雄市役所），在此之前臺灣已出現融合日本傳統建築元素的建築，其特徵「破風」造型大致分為兩種：唐破風的構造源於中國建築的捲棚，千鳥破風則是歇山和懸山式屋頂的山牆，常見於日本的神社、佛寺和城堡。而車站這種西洋現代文明象的建築類型，運用傳統東洋的破風元素，在日本有一九二四年落成的大社車站，此造型呼應站舍所

▲ 萬華車站以神社般巨大的唐破風做為入口意象，入口為了對準站前道路（今康定路）而略為偏向東側，並非置於中軸線上。

▼ 宜蘭車站饒富趣味的立面開窗設計，看似吞吐旅客的人臉，同時期的彰化車站也採取非常相似的設計。

在地的名勝出雲大社。日本時代明治到昭和年間，這類建築是臺灣常見的城鄉風景。

萬華車站、宜蘭車站

萬華車站在一九〇一年設站，一九一八年建造完成。這棟日本風格的木造車站，為泉州移民聚居、閩南寺廟林立的萬華街區注入東洋風情。一九二一至一九六五年間，萬華車站是臺鐵新店線的起站，一九八八年因縱貫線地下化拆除木造站房，改建為鋼筋混凝土站體。

在日本時代的宜蘭地區，羅東、蘇澳等車站皆為木造洋風站房，其中宜蘭車站落成於一九一九年，唐破風立面最具日本風情。戰後這些車站改建為鋼筋混凝土構造，有的是現代主義風格，有的則為中國復古宮殿風格。

桃園車站、新營車站

一九〇五年落成的桃園車站也是帶有唐破風木造車站。桃園站前設有圓環，與漢人信仰中心景福宮隔市區幹道（今中正路）遙望。南段靠車站為官廳街，沿路有警察局、郡役所、街役場、稅務出張所、臺灣銀行等官方機構；北段靠景福宮為商業區，有許多雕飾繁複的擬洋式風格店屋。

一九八〇年代，桃園變更都市計畫，縣政府行政區移往市郊，將車站前設定為百貨公司林立的商業區，各式日本時代的官署盡數拆除，是臺灣戰後最有規模的拆除日本時代街區的計畫，最後只剩下零星店屋及位於景福宮旁的大廟口警察派出所。車站在一九六二年改建為模矩化等距柱列現代主義風格的站體，二〇一五年啟用第三代車站。

桃園車站木造西洋屋架的外觀加上入母屋造與唐破風的屋頂，廊柱皆為雙柱或轉角三柱，細緻典雅，是手法高明的和洋折衷作品。

新營車站的屋頂為帶有千鳥破風的和風樣式。

新營是臺南糖業的重鎮。落成於一九〇一年的新營車站，可供軌距不同的糖業鐵路使用。一九三四年新建站房，雖採用鐵筋混凝土構造，但屋頂仍使用帶有千鳥破風的和風樣式。一九六四年擴建，一九七六年拆除改建為今天的現代主義站體。

在司馬遼太郎的著作《臺灣紀行》中有這麼一段描述。戰後一位灣生日本人田中準造回到故鄉新營，看到車站已經改建，人事已非，於是蹲在街道上痛哭。可見車站對於返鄉遊子的意義和象徵。

4 駛向未來的現代主義車站

車站的建築物是旅人和遊子寄託思念的對象，也是統治者建構文明、

花蓮車站的主體仍維持古典建築中軸對稱的配置，但分割出氣窗及簷廊位置的橫條帶飾，具有裝飾藝術特徵，並趨近現代主義的簡潔精神，中央凸起量體的時鐘相當醒目。

守時等價值的重要象徵；但對於營運單位而言，卻理性視其為運轉設備的一部分，當損壞、空間不敷使用、廢線、改線時，就毫不留情的拆除改建。

花蓮車站、東花蓮港站

一九一〇年落成的花蓮港車站原為木造站舍。一九三一年因花蓮港擴建工程預算通過，改建為鋼筋混凝土的花蓮車站，主量體仍維持古典建築中軸對稱的配置。一九四四年花蓮車站遭空襲毀損，一九四九年重建後捨棄橫條裝飾與時鐘，縮小主入口拱門，一九六〇年代塗上白漆顯得更簡單樸素。花蓮車站便以這時期的樣貌存在最長的時間，與站前的圓環水池及站旁的藝品店成為多數人對花蓮記憶鮮明的經典印象。

後因拓寬改線工程，於西北方三公里外另設新站（於一九八二年通車），舊站於一九八四年原本在機務處長金正良主導下，有機會成為臺鐵史上最先規劃的鐵路文物陳列館，但因後繼者沒有文化資產保存的觀念，不解其規劃價值，致使舊站與舊港區錯綜複雜的鐵道系統仍於一九九二年後陸續被拆除殆盡。

今日留存在原舊站周邊的鐵道設施，如花蓮管理處辦公室、工務段、警務段建築群、武道館、鐵路醫院、處長宿舍與蒸汽車加水塔等，皆已相繼成為古蹟及歷史建築，並持續受到妥善修復及活化再利用，串連成鐵道文化園區，卻獨缺舊站及軌道，殊為可惜。

東花蓮港站曾為臺東線起點站，仿石造的外觀由木摺壁外覆灰泥製成，外牆有水平裝飾藝術風格線條，與花蓮車站遙相呼應。

一九三九年臺東線東花蓮港設站開業，稱為東花蓮港站，曾為該線起點站。一九四五年遭轟炸損毀，一九五一年重建完成後更名為花蓮港車站（原市區內的花蓮車站則改名花蓮車站），一九八二年改為不辦客運的貨運站，同年臺東線廢線拓寬軌距北接宜蘭線，花蓮港站亦改建為現在使用中的鋼筋混凝土站體。

樺山車站

即使倖存下來的車站，其文化資產的價值也時常不被理解，就連所謂文化資產的專家也是如此，建於一九三七年的樺山車站就是典型的例了。

臺北市樺山町因紀念第一任總督樺山資紀而得名，而位於其中的樺山車站，在日本時代一開始就是貨運專用的車站。戰後改名為華山車

樺山車站，舊名樺山貨物驛，在日本時代是貨運樞紐，戰後也是全臺貨運的集散地。

站，在縱貫線臺北車站（往松山方向）與新生車站之間，是臺北市僅存唯一歷經過戰火仍存在於原址的車站。華山車站早年盛況空前，在公路運輸系統尚未完成前，曾經是全臺貨運的集散地，為臺鐵帶來可觀的收益。電影《總舖師》中「憨人師」所居住的地底隧道，就是在此取景。

在一九八六年鐵路地下化後，貨運站遭到拆除，成為臺鐵堆放建材的華山車場。二〇〇九年臺北市辦理都市更新，閒置的站房面臨拆除，民間提報指定文化資產，文化局的文資委員卻在會勘後鑑定為不具指定及登錄文化資產的價值，令人遺憾。

淡水車站、東勢車站

一九三五年中部大地震後改建的泰安站、清水站，皆採鋼筋混凝土

1951 年改建的淡水車站

構造，此類車站主體皆為長方體站房，外側緊貼平頂迴廊供旅客遮風避雨，構成水平線條組合的造型趣味，外覆溝面磚裝飾。同類站體尚存者有日本時代建造的泰安、清水、二水、橋頭等車站，此設計原則在戰後仍沿用，如一九五一年改建的淡水車站、加上斜屋頂的竹東車站等。淡水車站不像木造的新北投車站可以拆遷重組，一九八八年淡水線停駛後便被拆除。

回到戰後新建的車站，雖然大都延續日本時代晚期的幾何量體堆疊，但偶爾也會看到奇特線條的特異之作，而且大都是建築師修澤蘭任職鐵路局時的作品。如同其活潑的校園作品，她也為臺鐵留下不少大膽運用鋼筋混凝土高可塑性所建成的車站及員工訓練所。

一九五八年為運送大雪山林場資源及大甲溪發電計畫的建材，政府興建東勢線鐵路，由修澤蘭設計終點站東勢車站。整體設計遵循現代主義的風格，車站月臺柱的形式，引用自萊特一九三〇年代的作品。在臺灣，這樣的混凝土運用方式，一直要等到二〇一三年，才又在日本建築師伊東豐雄設計的臺灣大學社會科學院圖書館再現。

一九七三年大雪山林業公司解散後，東勢線日漸沒落，後因客運發達，一九九一年廢線，特殊的月臺則於九二一大地震後拆除，車站也改建成為東勢客家文化園區。

若能透過合適的方式保留舊站房，反而能成為深化當地情感與記憶傳承的歷史場所。有如三義車站、新北投車站搬遷至別處的保留方式，也有如南臺南車站、因高架化而遷站的臺中車站等原地再利用為其他功能，既不切斷其與鐵道場域的紋理脈絡，更能透過場域的完整留存，將連綿的鐵道化為記憶延續的載體。

試想在臺北捷運淡水線的沿線，若還能看到老車站和軌道被保存做為線性的城市休閒景觀園區，其文化價值與觀光效果，將不會輸給紐約的高線公園（High Line Park）。許多因產業需求消失而廢線的支線、糖鐵及鹽鐵文化資產，也都具有豐富的可能性及再生的潛力。

東勢車站是修澤蘭設計的建築，整體遵循戰後流行的現代主義理性的機能配置，門口兩道拋物線與兩片上揚雨庇的造型特殊，尤其是圖中月臺柱的形式，引用自 1930 年代現代建築的經典作品——美國建築師萊特設計的詹森總部中的倒立細柱頂圓盤，是向現代建築史經典語彙致敬。

專有名詞解釋

名詞	解釋
1 住宅	
顏只磚	又稱燕尾磚，因在磚窯內磚胚交錯排列排疊，不重疊的地方，會產生還原作用，出現青黑色痕跡，疊砌時會排列出如燕尾般的圖案。
簓子（ささらこ）雨淋板	設置有鋸齒狀垂直壓條（押緣）的雨淋板，加強板條的穩定性。
棧瓦（さんがわら）	江戶時代的發明，簡化由筒瓦與板瓦交替構成的「本瓦」的複雜性，斷面為波浪形的板狀黏土燒製瓦片。臺灣又稱日本瓦、文化瓦，用途廣泛。
切妻造（きりづまづくり）	一條正脊、四條垂脊所構成的屋頂形式，因「家」為有妻子在牆中之屋，故日文稱山牆為「妻」。屋面懸吊覆蓋於山牆之上，使為切妻造，在日本是時常用於神社的高級屋頂，中國稱為懸山頂，等級低於歇山與無殿。
平入（ひらいり）	日本傳統建築入口屋頂，與屋簷為同方向名為平入，與山牆同方向則為妻入。
土居葺（どいぶき）	將杉木等木材製作的薄木片，交疊平鋪於屋頂板與屋瓦之間，是吸納滲漏雨水的防水工法，天晴時蒸散水份恢復乾燥，比現代的防水毯透氣。
下見板（したみいた）	即雨淋板，日本人向歐美學習的構築工法，以木片交疊覆蓋外牆，用來保護牆壁構造，可細分為英國式（又稱南京式）、押緣（押條）、簓子（鋸齒狀押條，與板材更為密合）、德國式（以卡榫上下拼接）等種類。
馬薩式屋頂（Mansard roof）	由法國建築師發明的屋頂類型，特徵為複折式構造，構成一平緩一陡峭兩段斜率不同的屋面，屋頂內部空間可做為閣樓。
方形風格（Cubic Style）	在自然柔美曲線為主流的新藝術運動（Art nouveau）時期，麥金托什（Charles Rennie Mackintosh）等人組成的「格拉斯哥四人」，加入以幾何方塊構組而成的風格，影響往後裝飾藝術時期的抽象幾何美學。
愛奧尼克柱式（Ionic order）	古希臘三種柱式之一，源於西元前六世紀，風格纖細柔美。柱頭有如羊角般的渦卷狀裝飾，原本時常用於女神廟。
老虎窗（Dormer）	開於屋頂的高窗，為洋涇浜英語「roof」的音譯。
四坡水	即五脊斜屋頂，在中國稱為廡殿頂，日本稱為寄棟造。
入母屋造（いりもやづくり）	中國稱為歇山頂，最早出現於漢代，為一條正脊、四條垂脊戧脊組成的九脊頂，由於正脊兩端中間折斷停歇，分為垂脊和戧脊至屋簷，故名歇山。
帕拉底歐式窗（Palladian window）	門窗以兩短柱支撐中央的半圓拱分割為三部分，最早由文藝復興時期建築師布拉曼特（Donato Bramante）使用，並被建築師塞里歐（Sebastiano Serlio）書寫記載於著作，也稱為塞里歐語法（Serlian motif），因建築師帕拉底歐（Andrea Palladio）的影響力而得名。
辰野風格（たつのしきけんちく）	以紅磚與白石交錯構成帶狀裝飾的建築風格，最初石材用來加強磚材開口部與轉角結構強度，後橫向連接發展成純粹裝飾，因常見於日本建築師辰野金吾的作品，而稱為辰野風格，另有以灰泥、磁磚或洗石子模仿石材的變體。

2 餐飲空間

破山牆（Broken pediment/Open）
三角形或弧形山牆的中段斷開不連接，分為簷部斷開的 Broken Pediment 及楣部斷開的 Open Pediment，是文藝復興晚期矯飾主義（Mannerism）常用的破格手法，以不合理的視覺奇觀達成造型多變的效果。

西洋歷史主義（Historicism/Revivalism）
十九世紀歐洲主流的建築風格，為歷史上曾經出現過的各種風格及樣式的復古再現，包括新古典主義、哥德復興式、新巴洛克、新文藝復興等皆屬之。

3 戲院

江南馬頭牆
即硬山式建築兩側山牆，是長江中下游一帶安徽、浙江等地常見的階梯狀造型，又稱封火山牆。

芬克式桁架（Fink truss）
由兩組中柱式桁架倒置組成的西洋式對稱斜屋頂屋架，常用於大跨距空間。

人字規
規壁即為山牆，人字規為兩弧線構成的人字形規壁，在傳統建築中大都與燕尾搭配使用。

4 金融行社

塔斯干柱式（Tuscan order）
古羅馬五種典型柱式之一，柱頭為線盤頂，風格簡約粗壯有力，類似多立克柱式，但柱身無溝槽，時常用於短柱。

箍柱（Banded column）
如指環般套於柱身的多邊形幾何塊體，可增加柱身如石砌般厚實的視覺立體感。

5 商店百貨

牛眼窗（Oeil-de-boeuf）
即圓窗，因形似牛眼而得名。

6 公會堂

雨庇
設置於外牆門窗上方，防止雨水打入或沿壁體流入室內的懸挑構造物。

牛腿（Bracket/Corbel）
位於牆或柱與樑的垂直夾角間的承重構造物，因造型而得名，可加入豐富的雕飾，又稱樑托、托座。

7 郵局

背心式屋頂（Jerkinhead roof）
西洋建築屋頂樣式，屋頂正脊尾端削去成三角形面，也稱為切角頂，日文稱為半切妻屋根。

8 車站

木骨牆
以木材做成樑柱及斜撐構造框架，並以石灰、稻草等骨料填塞其中成為牆體的西洋建築構造工法，時常用於都鐸式風格。

破風（はふ）
歇山或懸山式屋頂兩端伸出山牆之外，為防風雨以木板條釘於凜條頂端，中文稱為搏風板，也有截取局部做為門窗雨遮或玄關的做法。

經典建築現今位置

建築名稱	現址
1 住宅	
新竹林宅潛園	新竹市北區集賢街、仁德街、西門街、世界街範圍
臺中吳鸞旂公館	臺中市東區復興路與大智路口
臺北公館林永利古厝	臺北市大安區羅斯福路四段一號國立臺灣大學管理學院
新竹新埔外翰第	新竹縣新埔鎮義民路一段五十八號
淡水嚴清華宅	新北市淡水區三民街四巷
嘉義梅川宅	嘉義市西區新庄街一一六號
★ 臺北昭和町住宅	臺北市新生南路三段二二巷一三號
淡水四連棟警官宿舍	新北市淡水區中正路二九八號淡水藝術工坊
臺中縣知事官邸	臺中市西區民權路一〇一號臺中市政府交通局
★ 土木局長官邸	臺北市中正區延平南路一一九號
基隆要塞司令官邸洋館	基隆市仁愛區仁四路、愛三路、南榮路環繞丘陵上
★ 鹿港黃宅金銀廳	彰化縣鹿港鎮菜園路六十七巷十七號
★ 柳營陳貞法宅	臺南市柳營區中興街三號
★ 斗六吳克明宅	雲林縣斗六市中山路五八五巷二一號
員林曙橋張宅	彰化縣員林鎮中山路五八五號
★ 基隆許梓桑宅	基隆市仁愛區愛四路二巷十五號
斗六太平陳林氏寶宅涵碧樓	雲林縣斗六市城頂街與成功路巷內
汐止周宅斯園	新北市汐止區忠孝東路漢諾瓦郡及與忠孝大院
汐止蘇宅	新北市汐止區新昌路東方鴻大廈
大甲王宅順德居	臺中市大甲區育德路二三〇至二三八號
大稻埕李春生宅	臺北市大同區歸綏街二四二之二四八號
基隆顏宅環鏡樓	基隆市仁愛區忠二路五八號金金商務旅館
基隆顏家陋園和、洋館	基隆信二路、義五路、義七路至中正公園、壽山南側
霧峰林宅紅樓	臺中市霧峰區大同路紅樓居
新營劉宅	臺南市新營區民族路與文昌街西北側街廓內
大林江宅省園	嘉義縣大林鎮東榮街、中興路、中山路、瑞德路範圍內
大稻埕李宅	臺北市大同區甘州街四四之五〇號
2 餐飲空間	
紀州庵支店本館	臺北市同安街水源路口跨提陸橋東側
★ 鶯料理	臺南市中西區忠義路二段八四巷一八號
臺灣鐵道飯店	臺北市新光人壽保險摩天大樓及亞洲廣場大樓
江山樓	臺北市大同區重慶北路、保安街、歸綏街與甘州街街廓
蓬萊閣	臺北市南京西路華亭街口賓王時尚旅店
新松金樓	臺南市中西區大智街大仁街口東南側
3 戲院	
臺灣新舞臺	臺北市長安西路、太原路和華陰街廓內
樂舞臺	臺中市中區柳川西路三段中山路口北側街廓鼎泰風華大廈
臺中座	臺中市中區中正路八〇號
臺中州市營娛樂館	臺中市自由路二段四八號
★ 天外天劇場	臺中市東區復興路四段一三八巷底
臺北新世界館	臺北市萬華區漢中街一一六號
臺灣第一劇場	臺北市大同區延平北路一段二〇二號第一企業中心
★ 宜蘭座	宜蘭市康樂路六十五號

善化戲院	臺南市善化區中山路三四五號
南都戲院	臺南市中西區友愛街一三八號
頭城農漁之家大戲院	宜蘭縣頭城鎮西一巷一〇號
新埔戲院	新竹縣新埔鎮民生街與成功街路口東北側街廓內
高雄大舞臺戲院	高雄市鹽埕區大仁路一九九號
★西螺座	雲林縣西螺鎮觀音街二號

4 金融行社

大阪中立銀行（三十四銀行臺北支店）	臺北市中正區重慶南路一段三八號華南銀行營業部大樓
帝國生命保險株式會社臺北支店	臺北市中正區博愛路一六二號臺灣銀行國際部與文物館
三十四銀行臺南支店	臺南民權路二段二五四號
總督府殖產局檢糖所	高雄市鼓山區鼓山一路一六一巷巷底
三角湧信用組合	新北市三峽區民生街及文化路六五巷東北側街廓
北港信用組合	雲林縣北港鎮中正路二〇號
三井株式會社臺北支店	臺北市中正區館前路五十四號
嘉義稅務出張所	嘉義市東區中山路一九九號嘉義市政府
桃園稅務出張所	桃園市桃園區中正路與四八巷東北側街廓
★高雄稅關	高雄市鼓山區捷興一街三號財政部關務署高雄關
大阪商船株式會社基隆支店	基隆市仁愛區港西街基隆市公車總站
★日本郵船株式會社基隆出張所	基隆市仁愛區港西街四號
★大阪商船株式會社臺北支店	臺北市中正區忠孝西路一段七〇號

5 商店百貨

高雄州青果同業組合	高雄市鼓山區捷興一街三號財政部關務署高雄關西半側
花蓮賀田組	花蓮縣花蓮市中山路四八號
嘉義衛生公館	嘉義市中山路公明路口噴水圓環西側夾角街廓
★西尾商店	臺北市中正區重慶南路一段一一九號金石堂書店城中店
表町林本源製糖株式會社臺北出張所	臺北市中正區館前路七七號合作金庫銀行
太平町二丁目店屋	臺北市大同區甘谷街二五號
★張東隆商行	臺北市大同區延平北路一段一四五號
★新高旅館	臺北市中正區重慶南路一段四八號郵局
臺南州商工經濟會	臺南市中西區中正路一七一號
★林開郡洋樓	基隆市仁愛區忠一路與愛一路口
日美堂靴鞄店	新竹市北區西門街、南門街口西南角
★辰馬商會臺北本町店鋪	臺北市中正區重慶南路一段二七號
★菊元百貨店	臺北市中正區博愛路一五〇號
吉井百貨	高雄市鹽埕區五福四路一七八號華南銀行高雄分行
丸茂百貨店	嘉義市東區中正路、興中街、光華路口西南街廓
吉村商店	花蓮縣花蓮市中山路八六號
★松元蒲鉾店	基隆市中正區義二路五八號
豐原呂內科診所	臺中市豐原區忠孝街一三號

6 公會堂

基隆公會堂	基隆市信義區信一路一八一號基隆文化中心
淡水公會堂	新北市淡水區新生街一〇號淡水藝文中心
新竹公會堂	新竹市東區武昌街一一〇號國立新竹生活美學館
臺中公會堂	臺中市中區自由路二段九二號自由路立體停車場
嘉義公會堂	嘉義中正公園西南角忠義街與北榮街口
中壢公會堂	桃園市中壢區中正路四八七巷一八號桃園市立新明國民中學
虎尾公會堂	雲林縣虎尾鎮林森路一段四九五號虎尾郵局雲林一七支局
善化街公會堂	臺南市善化區中山路三六八號臺灣中油

鹽水公會堂	臺南市鹽水區武廟路一三號新營分局鹽水分駐所
佳里公會堂	臺南佳里區中山路四六八之四七六號

7 郵局

打狗野戰郵局	高雄市鼓山區哨船街打狗英國領事官邸山腳
金瓜石郵局	新北市瑞芳區金光路五一之一號瑞芳金瓜石郵局
蘇澳郵局	宜蘭縣蘇澳鎮中山路一段一號蘇澳郵局宜蘭一八支局
玉里郵局	花蓮縣玉里鎮光復路一一一號玉里郵局花蓮三十一支局
大湖郵局	苗栗縣大湖鄉忠孝路與民權路口西北側街廓停車場
淡水郵局	新北市淡水區中正路二〇一號中華電信淡水服務中心
基隆波止場郵局	基隆市仁愛區港西街六之二號
舊臺中郵局	臺中市中區民權路八六號臺中民權路郵局臺中九〇一支局
嘉義郵局	嘉義市東區文化路、中山路口西北側街廓
新竹郵局	新竹市東區武昌街八一號新竹武昌街郵局新竹九〇一支局
屏東郵局	屏東縣屏東市民生路三四三號中華電信屏東營運處客服中心
彰化郵局	彰化縣彰化市和平路五二號中華電信彰化營運處彰化服務中心
基隆郵局	基隆市仁愛區愛三路一三〇號基隆愛三路郵局基隆九〇一支局
臺南郵局	臺南市中西區民生路一段七八號中華電信臺南民生特約服務中心
高雄郵局	高雄市鼓山區臨海二路一七號鼓山郵局
花蓮港郵局	花蓮縣花蓮市中山路一八八號花蓮中山路郵局花蓮一九支局
臺北郵局	臺北市中正區忠孝西路一段一一四號臺北北門郵局

8 車站

舊臺北車站	臺北市中正區北平西路、承德路西北側停車場
新臺北車站	臺北市中正區北平西路、承德路西北側停車場
基隆車站	基隆市仁愛區文昌里港西街五號基隆車站
屏東車站	屏東縣屏東市光復路四三號屏東車站
新店車站	新北市新店區光明街四五號
雙連車站	臺北市大同區民生西路四七號臺北捷運雙連站
臺北後車站	臺北市鄭州路太原路口
★新北投車站	臺北市北投區大業路七〇〇號臺北捷運新北投站
★三義車站	苗栗縣三義鄉雙湖村雙湖九〇號三義車站
萬華車站	臺北市萬華區富福里康定路三八二號萬華車站
宜蘭車站	宜蘭縣宜蘭市和睦里光復路一號宜蘭車站
桃園車站	桃園市桃園區武陵里中正路一號
新營車站	臺南市新營區中營里中山路一號
花蓮車站	花蓮縣花蓮市中山路重慶路口圓環西南側停車場
花蓮港車站	花蓮縣花蓮市民蓮里港口路二號
★華山車站	臺北市中正區林森北路一七號
淡水車站	新北市淡水區中正路一號

★因局部拆除、改建或遷移而喪失原貌或保存狀況不佳亟需搶救修復者

索引

國家圖書館出版品預行編目資料

紙上明治村：消失的臺灣精典建築 / 凌宗魁, 鄭培哲作. -- 初版. -- 新北市：遠足文化, 2016.11； 面； 公分. -- (藝臺灣；6)
ISBN 978-986-93512-8-7(平裝)
1.臺灣史 2.建築史
733.2108 105016245

Meiji-mura on Paper: the Demolished Classic Buildings of Taiwan

Text: Lin Tzung-Kuei
Illustration: Cheng Pei-che

Published by Walkers Cultural Enterprise Ltd.
4F, No. 108-1, Mincyuan Rd., Sindian City, Taipei County 23141, Taiwan
Tel: 02-2218-1417
Fax: 02-8667-1891
service@sinobooks.com.tw
http://www.bookrep.com.tw

Architecture is testament to the lifestyle of an era. Buildings not only showcase the aesthetic expression and craftsmanship of the time but also expose the development of civilization. Buildings are the stages of historical events and testaments to an era. While the wish of establishing a forever lasting construction undergirds the erection of each building, the limitation in material implies that sustainable architecture is extremely scarce. Yet without architecture, where do we look for houses that display authority, houses that serve as ritual spaces, houses that stand up against wind and rain, and houses that carry memory? Where should memories and sentiments of the past go? Through the fine eyes and hands of the illustrator, this book reconstructs the glaring colors of various classic buildings that used to stand in Taiwan, from houses, temples, shrines, churches, post offices, restaurants and theatres to different kinds of public constructions. This book leads us back to a time of more than a century ago to survey those once standing classic buildings that are no more. The journey is meant for readers to relive the stateliness, elegance of Taiwanese cities of a bygone past.

First edition, 2016
This book receives subsidy from Ministry of Culture, the Republic of China (Taiwan).
ISBN 978-986-93512-8-7
CIP 733.2108

遠足文化 讀者回函

藝臺灣 06

紙上明治村：消失的臺灣經典建築

作者・凌宗魁｜**繪者**・鄭培哲｜**執行編輯**・龍傑娣｜**校對**・林文珮、張興民｜**美術設計**・林宜賢、李岱螢｜**出版**・遠足文化事業股份有限公司 第二編輯部｜**社長**・郭重興｜**總編輯**・龍傑娣｜**發行人兼出版總監**・曾大福｜**發行**・遠足文化事業股份有限公司 231新北市新店區民權路108-2號9樓 電話：(02)2218-1417 傳真：(02)2218-1851 客服專線：0800-221-029 e-mail：service@sinobooks.com.tw 官方網站：http://www.bookrep.com.tw｜**法律顧問**・華洋國際專利商標事務所 蘇文生律師｜**初版 1 刷**・2016年11月｜**初版 8 刷**・2021年 6 月｜**定價**・400 元

本書獲行政院文化部「編輯力出版企畫補助」